本书为国家社会科学基金"十三五"规划2016年度教育学青年课题"劳动力市场的技能需求及其对教育供给的启示"（CFA 160180）研究成果

# 劳动力市场技能需求与教育供给侧改革

曹浩文 著

科学技术文献出版社
SCIENTIFIC AND TECHNICAL DOCUMENTATION PRESS

·北京·

图书在版编目（CIP）数据

劳动力市场技能需求与教育供给侧改革 / 曹浩文著. —北京：科学技术文献出版社，2023.12
　ISBN 978-7-5235-0387-4

Ⅰ.①劳… Ⅱ.①曹… Ⅲ.①劳动力市场—职业技能—需求结构—关系—教育改革—研究—中国 Ⅳ.① F249.212 ② G521

中国国家版本馆 CIP 数据核字（2023）第 118401 号

## 劳动力市场技能需求与教育供给侧改革

策划编辑：杨　杨　　责任编辑：王　培　　责任校对：王瑞瑞　　责任出版：张志平

| 出 版 者 | 科学技术文献出版社 |
|---|---|
| 地　　址 | 北京市复兴路15号　邮编　100038 |
| 编 务 部 | （010）58882938，58882087（传真） |
| 发 行 部 | （010）58882868，58882870（传真） |
| 邮 购 部 | （010）58882873 |
| 官方网址 | www.stdp.com.cn |
| 发 行 者 | 科学技术文献出版社发行　全国各地新华书店经销 |
| 印 刷 者 | 北京厚诚则铭印刷科技有限公司 |
| 版　　次 | 2023年12月第1版　2023年12月第1次印刷 |
| 开　　本 | 710×1000　1/16 |
| 字　　数 | 187千 |
| 印　　张 | 13 |
| 书　　号 | ISBN 978-7-5235-0387-4 |
| 定　　价 | 48.00元 |

版权所有　违法必究

购买本社图书，凡字迹不清、缺页、倒页、脱页者，本社发行部负责调换

# 前　言

　　研究缘起于好奇心。对社会问题的观察和反思，以及相关文献的阅读经历，驱使我对以下问题产生好奇：我国劳动力市场技能需求表现出技能升级，还是技能极化的趋势？为了对教育供给侧释放劳动力市场技能需求"信号"，我们可以使用哪些方法预判劳动力市场技能需求？国际上已有哪些优秀实践？日新月异的信息技术革命将对劳动力市场产生哪些影响？教育供给侧如何更好地应对信息技术革命对技能需求产生的影响？等等。如果对这些问题的探索能够增进我们对劳动力市场技能供需不匹配的认识，并能够从实践上增进技能供需匹配，那就更好了。

　　带着这些好奇，我开始了一段研究的旅程。现在回顾这段旅程，我既有相对满意之处，也有许多遗憾之处。正如本书中指出："劳动力市场技能需求与教育供给之间存在重要关联，但二者之间不存在一对一的严格对应关系，给劳动力市场技能供需匹配研究增添了许多困难。"我欣喜地看到，有许多志同道合者关注这一主题，并产出了许多优秀的成果。我由衷地为此感到高兴。

　　本书从劳动力市场对不同水平的技能需求和不同类型的技能需求两个方面，分析劳动力市场技能需求。研究发现以下内容。

　　就不同水平的技能需求而言，我国就业人口表现出升级趋势，但是这种升级主要表现为对低技能劳动者的需求减少，对中等技能劳动者的需求增加。劳动力市场对高技能劳动者的需求增加并不明显。对高技能劳动者的需求增加主要体现在单位负责人、专业技术人员、办事人员和有关人员这3种职业大类内部，以及租赁和商务服务业，卫生、社会保障和社会福利业，科学研究、技术服务和地质勘查业，金融业，电力、燃气及水的生产和供应业，教育，信息传输、计算机服务和软件业等行业门类内部。劳动力市场供求监测数据分析表明，劳动力市场对具有较高技术等级和专业技术职称（如高级工程师、高级技师、技师）的劳动者，需求大于供给。劳动力市场短缺职业集中分布在社会生产服务和生活服务人员、生产制造及有关人员等中等技能岗位。

发达国家和国际组织重视通过技能需求预判，为利益相关者提供技能需求信息。它们的技能需求预判实践进展体现在4个方面：在观念认识上，将技能需求预判视为重要的公共服务；在组织实施上，注重多主体共同参与技能需求预判过程；在预判方法上，总结了多种行之有效的方法予以推广；在结果转化上，重视为公众提供便捷好用的技能需求信息。为了克服技能需求预判中的困难，发达国家和国际组织加强职业技能标准研究，促进技能分类框架的统一；重视开展定量模型预测，加强劳动力市场大数据研究；确保利益相关者参与，建立预判结果转化的监测与评价机制。

就不同类型的技能需求而言，本书沿用已有研究的分类框架，依据信息技术对技能的取代程度，将技能划分为程序性认知技能、非程序性认知技能、非程序性非认知技能、程序性身体技能和非程序性身体技能五类。研究表明，我国劳动力市场对非程序性认知技能、非程序性非认知技能、程序性认知技能的需求呈上升趋势，对程序性身体技能、非程序性身体技能的需求呈下降趋势。未来，随着人工智能等新一轮信息技术在各行各业的深化应用，我国劳动力市场对程序性认知技能的需求将会下降，对非程序性技能（包括非程序性非认知技能、非程序性认知技能和非程序性身体技能）的需求将会上升。

为了验证人工智能等信息技术对不同类型技能需求的影响，本书以社会交往能力为例，分析人工智能背景下社会交往能力对个体劳动力市场表现的影响。研究表明，在控制受教育年限、认知能力、其他非认知能力的基础上，社会交往能力对个体劳动力市场表现具有显著的正向影响。在考虑内生性后，这种影响依然稳健。职业的自动化风险对社会交往能力影响工资起到负向调节作用，即职业的自动化风险越低，社会交往能力的回报越高。

我国劳动力市场技能需求对教育供给侧提出的要求包括：教育供给侧主动、科学地收集劳动力市场技能需求信息；重视为社会服务产业培养紧缺人才；重视非标准就业并提供相应的就业服务；重视非程序性技能的培养。为了更好地促进技能供需匹配，本书提出如下对策建议：第一，从观念认识、组织实施、预判方法和结果转化4个方面入手，完善技能需求预判体系；第二，支持社会服务产业发展，提高紧缺人才培养质量；第三，加强和改进学生就业指导服务，提高招生、培养与就业的联动；第四，各级各类教育加强非认知技能和非程序性认知技能培养；第五，全面加强新时代大中小学劳动教育，职业教育重视非程序性身体技能培养。

  本书仍有许多不足之处，望读者多多批评指正！

# 目  录

第一章　导　论 ································································· 1
　第一节　研究背景和意义 ················································· 1
　第二节　概念界定 ·························································· 6
　第三节　理论依据 ························································· 13

第二章　文献综述和研究设计 ············································· 16
　第一节　技能的分类和测量 ············································ 16
　第二节　劳动力市场对不同水平技能的需求 ···················· 32
　第三节　劳动力市场对不同类型技能的需求 ···················· 43
　第四节　教育与劳动力市场需求的匹配研究 ···················· 51
　第五节　已有研究的不足之处 ········································ 53
　第六节　本研究的研究设计 ············································ 54

第三章　劳动力市场对不同水平技能需求的变化趋势 ············ 58
　第一节　数据来源及其说明 ············································ 58
　第二节　劳动力市场对不同水平技能需求的变化趋势——基于人口普查数据 ························································ 61
　第三节　劳动力市场对不同水平技能需求的变化趋势——基于劳动力市场供求监测数据 ········································ 81
　第四节　本章小结 ························································ 86

## 第四章　劳动力市场对不同水平技能需求的预判 …… 90
第一节　技能需求预判的定义和方法 …… 90
第二节　发达国家和国际组织技能需求预判的实践进展 …… 101
第三节　发达国家和国际组织技能需求预判的主要困难和应对经验 …… 109
第四节　我国技能需求预判的现状与改进建议 …… 113

## 第五章　劳动力市场对不同类型技能需求的变化趋势 …… 117
第一节　数据来源和计算方法 …… 118
第二节　我国劳动力市场对5种不同类型技能需求的变化趋势 …… 122
第三节　国内外劳动力市场对不同类型技能需求的趋势对比 …… 126
第四节　本章小结 …… 127

## 第六章　人工智能背景下社会交往能力的劳动力市场价值 …… 129
第一节　理论分析与文献综述 …… 130
第二节　模型设定、数据来源与描述统计 …… 135
第三节　实证结果 …… 138
第四节　本章小结 …… 147

## 第七章　劳动力市场技能需求对教育供给的启示 …… 150
第一节　劳动力市场技能需求与教育供给的关系 …… 150
第二节　劳动力市场技能需求对教育供给提出的要求 …… 153
第三节　研究结论和对策建议 …… 163
第四节　研究不足与展望 …… 170

## 附　录 …… 173

## 后　记 …… 176

## 参考文献 …… 178

# 图表目录

图 1-1　技能需求的影响因素 ································· 11
图 2-1　研究内容框架 ······································· 55
图 3-1　我国就业人口的职业大类分布（2010 年）··············· 66
图 3-2　用人需求对劳动者的技术等级或专业技术职称有明确要求
　　　　的比例 ············································ 82
图 3-3　劳动力市场总体求人倍率和高级工程师求人倍率 ········· 82
图 3-4　劳动力市场总体求人倍率和高级技师求人倍率 ··········· 83
图 3-5　劳动力市场总体求人倍率和技师求人倍率 ··············· 84
图 4-1　定量模型预测实施步骤 ······························· 96
图 4-2　美国劳动统计局的组织结构 ·························· 105
图 5-1　我国劳动力市场对不同类型技能需求的变化趋势 ········ 124
图 7-1　技能需求与教育供给关系的分析框架 ·················· 151

表 1-1　发达国家或国际组织发布的技能报告 ·················· 10
表 2-1　技能的不同分类方法 ································ 18
表 2-2　国际标准职业分类（2008）与中华人民共和国职业分类
　　　　大典（1999）的对比 ································ 20
表 2-3　我国职业技能等级划分标准 ·························· 22
表 2-4　已有关于非认知技能的实证研究常使用的数据来源 ······ 25
表 2-5　按照技能的程序性对技能类型的划分 ·················· 26
表 2-6　3 种技能调查的优缺点比较 ·························· 27
表 2-7　PIAAC 测试与 STEP 测试的比较 ······················ 28

| | | |
|---|---|---|
| 表 2-8 | STEP 测试的内容框架 | 30 |
| 表 2-9 | 发达国家劳动力市场技能升级的描述性分析 | 34 |
| 表 2-10 | 验证技能偏向型技术进步是技能升级的主要原因的研究 | 35 |
| 表 2-11 | 发达国家劳动力市场技能极化的描述性分析 | 38 |
| 表 2-12 | 认知技能的劳动力市场回报（研究举例） | 48 |
| 表 2-13 | 非认知技能的劳动力市场回报（研究举例） | 49 |
| 表 2-14 | 认知技能和非认知技能的劳动力市场回报（研究举例） | 50 |
| 表 3-1 | 就业人口的受教育程度变化（1990—2010 年） | 62 |
| 表 3-2 | 就业人口的职业大类构成变化（1990—2010 年） | 63 |
| 表 3-3 | 不同职业大类从业者的技能水平 | 65 |
| 表 3-4 | 单位负责人的受教育程度变化（1990—2010 年） | 66 |
| 表 3-5 | 专业技术人员的受教育程度变化（1990—2010 年） | 67 |
| 表 3-6 | 办事人员和有关人员的受教育程度变化（1990—2010 年） | 68 |
| 表 3-7 | 商业和服务业人员的受教育程度变化（1990—2010 年） | 68 |
| 表 3-8 | 生产运输设备操作人员及有关人员的受教育程度变化（1990—2010 年） | 69 |
| 表 3-9 | 农林牧渔和水利业生产人员的受教育程度变化（1990—2010 年） | 70 |
| 表 3-10 | 职业大类组间变化和组内变化对就业人口受教育程度总体变化的贡献度 | 72 |
| 表 3-11 | 就业人口比重增长最多的 10 个职业中类（2000—2010 年） | 73 |
| 表 3-12 | 就业人口比重减少最多的 10 个职业中类（2000—2010 年） | 73 |
| 表 3-13 | 就业人员的行业构成（2010 年） | 76 |
| 表 3-14 | 行业门类内部受教育程度的变化（2002—2010 年） | 78 |
| 表 3-15 | 行业门类组间变化和组内变化对城镇单位就业人口受教育程度总体变化的贡献度 | 80 |
| 表 3-16 | 全国招聘求职 100 个短缺职业中职业大类分布 | 85 |

## 图表目录

| 表 3-17 | 全国招聘求职短缺排行前十的职业 | 86 |
| --- | --- | --- |
| 表 4-1 | 技能需求识别方法的优缺点比较 | 100 |
| 表 4-2 | 我国已有的技能需求预判实践举例 | 114 |
| 表 5-1 | 美国职业信息网络数据集对职业的描述 | 119 |
| 表 5-2 | 中美两国职业大类的对应方法 | 120 |
| 表 5-3 | 不同职业大类对5种类型技能的需求 | 123 |
| 表 5-4 | 不同类型技能的工资回报 | 125 |
| 表 5-5 | 劳动力市场对不同类型技能需求的研究结论对比 | 127 |
| 表 6-1 | 主要变量的描述性统计 | 137 |
| 表 6-2 | 基准回归估计结果 | 139 |
| 表 6-3 | 稳健性检验 | 140 |
| 表 6-4 | 考虑内生性的估计结果 | 142 |
| 表 6-5 | 职业自动化风险的调节作用 | 143 |
| 表 6-6 | 职业筛选效应分析 | 145 |
| 表 6-7 | 教育边际效应分析 | 146 |
| 表 6-8 | 社会资本效应分析 | 147 |
| 表 7-1 | 中美两国就业人员的行业结构比较（2010年） | 156 |
| 表 7-2 | 中美两国就业人员的职业结构比较（2010年） | 157 |
| 表 7-3 | 上海在PISA 2012独立解决问题能力测试中的表现 | 160 |
| 表 7-4 | 中国四省市在PISA 2015合作解决问题能力测试中的表现 | 161 |
| 附表 1 | 1990年、2000年和2010年我国3次产业构成 | 173 |
| 附表 2 | 1990年、2000年和2010年我国各职业大类的平均受教育年限 | 173 |
| 附表 3 | 2001—2010年不同类型法人单位所占比重 | 174 |
| 附表 4 | 分行业城镇单位就业人员受教育程度的变化（2002—2010年） | 174 |

# 第一章
# 导　论

劳动力市场技能供给和技能需求相脱节，不仅造成人力资源的浪费、影响社会稳定，也阻碍经济转型升级。我国《国务院办公厅关于深化产教融合的若干意见》和《中国教育现代化2035》等教育发展纲领性文件均强调，健全需求导向的人才培养结构调整机制，强化就业市场对人才供给的有效调节。但是长期以来，我国重视劳动力供给研究、忽视劳动力需求研究，[①] 权威的劳动力需求调查、岗位空缺调查缺乏等原因，[②] 造成技能需求信息不足。本书试图研究劳动力市场技能需求，并分析其对教育供给侧改革的启示。

本章结构安排如下：首先，介绍本研究的背景和意义；其次，对研究中涉及的核心概念进行界定；最后，分析本研究的理论依据。

## 第一节　研究背景和意义

### 一、研究背景

#### （一）我国劳动力市场技能供需不匹配现象严重

就业是民生之本。就业问题不仅关系着一国的经济发展，还关系着一国的和谐稳定。对拥有14亿多人口的中国来说，就业问题更是经济发展的重中

---

[①] 蔡昉.中国人口与劳动问题报告[M].北京：社会科学文献出版社，2002.
[②] 史珍珍，曾湘泉.大数据在劳动力市场研究中的应用与展望[J].外国经济与管理，2016，38（7）：96–112.

之重。我国就业人口规模达7.75亿人,其中农民工2.86亿人,[1] 就业总量庞大。

同时,就业的结构性矛盾更为突出。[2] 所谓结构性矛盾是指劳动力市场供给与需求不匹配的现象,即有人无岗("劳动力过剩")与有岗无人("劳动力短缺")并存。当前,我国就业的结构性矛盾突出表现在两个方面:[3] 一是劳动力供给与需求在地域上的不匹配,即"地域不匹配"。例如,高校毕业生扎堆在"北上广深"等东部大城市,而中西部地区的中小城市则求贤若渴。二是劳动力的技能储备与岗位的技能需求不匹配,即"技能不匹配"。例如,劳动力市场上"大学生就业难"与"技工荒"冰火两重天的现象。据国家统计局对规模以上工业企业的调查显示,约44%的企业反映招工难是它们面临的最大问题,很多企业反映一线的普通工人难招、高技能人才难招、技术工人难招。[2] 劳动力市场技能供需不匹配,对我国建设制造强国、质量强国、网络强国、数字中国,推进产业基础高级化和产业链现代化形成制约。

### (二)教育供给侧正在努力提升自身与劳动力市场技能需求相适应的能力

改革开放以来,我国教育事业的发展取得显著成绩。学校教育的直接产出快速增加,教育对经济社会发展的贡献度日益提高,教育供给侧培养的人才为经济持续高速发展提供了重要保障。但在教育规模不断扩张、教育水平不断提升的同时,我国教育的质量,尤其是从培养的人才是否适应经济社会发展需求这一角度来衡量的教育质量[4] 还存在一些问题。以高等教育为例,我国高校毕业生数量从1999年的173.6万人增长到2022年的1076万人,在为社会各界源源不断地输送人才的同时,高校毕业生就业难问题成为社会广泛

---

[1] 数据来源于中华人民共和国国民经济和社会发展统计公报。

[2] 国家统计局. 国家统计局新闻发言人就2021年一季度国民经济运行情况答记者问[EB/OL]. (2021-04-16) [2021-05-07]. http://www.stats.gov.cn/tjsj/sjjd/202104/t20210416_1816376.html.

[3] 曾湘泉,李晓曼. 破解结构矛盾 推动就业质量提升[J]. 中国高等教育,2013(Z2):22-25.

[4] 《国家中长期教育改革和发展规划纲要(2010—2020年)》提出:"树立科学的质量观,把促进人的全面发展、适应社会需要作为衡量教育质量的根本标准。"

# 第一章 导 论

关注的话题。这不仅引发社会对高校人才培养质量的关注，还引发社会热议"大学扩招政策到底对不对""大学毕业生数量太多还是太少"等问题。这些问题关系我国高等教育的进一步改革和发展方向。

《国家中长期教育改革和发展规划纲要（2010—2020年）》《国家教育事业发展第十二个五年规划》《国家教育事业发展第十三个五年规划》《中国教育现代化2035》等教育发展战略性文件，都将"依据国家和区域经济社会发展需要，调整人才培养与供给结构"作为重要的发展任务。近年来，教育供给侧的一些改革，如引导部分普通本科高校向应用技术型高校转型、推动职业教育领域产教融合和校企合作、高中阶段教育坚持"职普比例大体相当"等，都是教育供给侧主动思变，为提升自身与劳动力市场技能需求相适应的能力而做出的努力。

## （三）新一轮科技革命背景下劳动力市场技能需求变化速度加快

21世纪以来，全球科技创新进入空前密集活跃的时期，新一轮科技革命和产业变革正在重塑全球经济结构。与以往单一技术主导的科技革命不同，新一轮科技革命呈现多点突破、群发性突破的态势，信息技术、生命科学、先进制造技术、能源技术、空间和海洋技术等领域的原创突破相互交叉融合，以前所未有的速度、广度和深度影响整个社会。

新一轮科技革命在为产业变革赋能的同时，对劳动力市场技能需求产生极大影响。劳动力市场职业结构及职业所需的技能都在发生深刻改变。一些职业和技能被迅速淘汰或取代，一些职业和技能获得蓬勃发展。在许多行业，需求量最多的职业和技能在10年甚至5年前根本不存在，而且改变的速度还在加快。[1] 全球著名管理咨询公司麦肯锡预测，现在的小学生将来约有65%

---

[1] World Economic Forum. The future of jobs: employment, skills and workforce strategy for the fourth industrial revolution[EB/OL]. [2022-08-01]. https://www3.weforum.org/docs/WEF_Future_of_Jobs.pdf.

从事的是当前还不存在的工作。① 英国牛津大学的研究者预测美国47%的工作岗位存在被人工智能替代的风险，② 我国相关的研究表明未来20年中国76.8%的就业人口将遭受人工智能的冲击。③ 如何适应科技变革趋势，培养未来劳动力市场需求的技能，提高劳动者适应技能需求变化的能力，成为教育供给侧必须回答的问题。

### （四）新一轮国际竞争中发达国家和国际组织重视提升劳动力技能

科技竞争和创新竞争，归根结底是人才竞争。从20世纪60年代起，人口生育率下降和人均寿命延长导致人口老龄化加剧，全球65岁及以上老龄人口占总人口的比重不断提高。发达国家人口老龄化现象更为严重，经济合作与发展组织（OECD，简称"经合组织"）成员国65岁及以上老龄人口占总人口的比重在2018年达到17.2%（全球为8.9%）。人口老龄化、劳动年龄人口减少、失业率居高不下、年轻人失业率更高等问题，迫使发达国家和国际组织更加重视提升劳动力技能，提高劳动力技能与劳动力市场需求的匹配程度。从技能需求侧来看，科技进步、经济发展、收入不平等等都对劳动力技能提出了更高的要求。进入21世纪以来，发达国家和国际组织纷纷制定本国或本地区的技能发展战略，从技能培养、技能供给和技能使用等环节做出全面规划，旨在从生命全周期角度系统提升劳动力技能。

我国《国家创新驱动发展战略纲要》提出了到2020年进入创新型国家行列、到2030年跻身创新型国家前列、到2050年建成世界科技创新强国的奋斗目标。我国当前各领域遭受的"卡脖子"技术困境其实是人才困境。④ 2020年"全球人才竞争力指数"报告显示，我国人才竞争力在132个国家中排名

---

① McKinsey Global Institute. Skill shift: automation and the future of the workforce[EB/OL]. [2022-10-12]. https://www.mckinsey.com/featured-insights/future-of-work/skill-shift-automation-and-the-future-of-the-workforce.
② CARL B F, MICHAEL A O. The future of employment: how susceptible are jobs to computerisation？[J]. Technological forecasting and social change，2017，114（1）：254-280.
③ 陈永伟，许多. 人工智能的就业影响[J]. 比较，2018（2）：135-160.
④ 陈丽君. 如何迎接新一轮全球人才竞争[N]. 光明日报，2021-02-21（07）.

仅为第42位。提升劳动力技能,提高劳动力技能与劳动力市场需求的匹配程度,成为我国提升国际竞争力的必要举措。

## 二、研究意义

### (一)有助于促进劳动力市场技能供需匹配

技能供需不匹配,不是我国在特定阶段面临的个性问题,而是世界许多国家面临的共同问题。缓减技能供需不匹配需要多管齐下,如及时和准确地获取技能需求信息、将技能需求信息有效传递至技能供给侧、改革技能供给侧或调整技能需求侧。长期以来,我国技能需求信息匮乏,这导致技能供给侧在调整技能供给时无据可依。本书首先从多个角度研究劳动力市场技能需求,然后分析教育供给侧改革如何更好地适应技能需求,以期为我国劳动力市场技能供需匹配提供对策与建议。

### (二)有助于提升教育供给侧与劳动力市场技能需求相适应的能力

由于教育体制僵化、培养模式单一、教学内容陈旧、思想观念落后等原因,教育供给侧培养的人才与社会期望值之间存在差距。2009年,温家宝总理指出"应该清醒地看到,我们的教育还不适应经济社会发展的要求,不适应国家对人才培养的要求。"[①]此后,《国家中长期教育改革和发展规划纲要(2010—2020年)》等教育发展战略性文件陆续将"推进人才培养结构战略性调整"作为教育改革发展的重要任务。其目标是提高教育对经济社会发展的贡献能力和支撑能力,为加快转变经济发展方式提供强大的人才支撑。教育供给侧改革要实现上述目标,首先需要掌握劳动力市场技能需求信息,这是本书的重要内容。

---

① 温家宝在北京三十五中的讲话:教育大计 教师为本[EB/OL].(2009-11-10)[2022-08-01]. http://www.gov.cn/ldhd/2009-10/11/content_1436183.htm.

## （三）有助于丰富基于技能的新人力资本研究

20世纪60年代人力资本理论产生以后，大量的实证研究验证了人力资本对个体和社会的市场化、非市场化收益。但是人力资本如何测量的问题一直没有得到很好的解决，已有研究常将受教育年限作为人力资本的代理变量。随着调查工具和手段的改进与数据库的不断丰富和完善，受教育年限变量的缺陷逐渐凸显。美国斯坦福大学教授、著名教育经济学研究者艾瑞克·汉纳谢克（Eric Hanushek）指出，以往基于"受教育年限"指标得出的实证研究结论及基于这些结论产生的政策分析都值得重新推敲。①2010年在美国经济学年会上，艾瑞克·汉纳谢克发表题为"基于技能的新人力资本研究议程"的发言，指出基于技能的新人力资本研究是一个新的、富有前景的研究领域。①西方学者围绕技能的经济社会影响、技能的形成机制、技能需求等问题开展了广泛研究。本研究尝试在基于技能的新人力资本研究框架下，开展中国劳动力市场的技能需求研究。

## 第二节　概念界定

### 一、技能

#### （一）何为技能？

最早对技能（skills）进行研究的是心理学。在心理学中，技能是指人们通过练习而获得的动作方式和动作系统，它既可以指操作活动方式，也可以指心智活动方式。②"技能"与"能力（ability）"概念不同。能力是一种心理特征，它是指顺利实现某种活动的心理条件。只有能够广泛迁移和应用的

---

① HANUSHEK E. Developing a skills-based agenda for "New Human Capital" research [EB/OL]. [2022-08-01]. https://www.researchgate.net/publication/228290816_Developing_a_Skills-Based_Agenda_for_'New_Human_Capital'_Research, 2012-11-28/2014-03-25.

② 彭聃龄. 普通心理学 [M]. 北京：北京师范大学出版社，2004：404-405.

知识与技能，才会转化为能力；能力既是掌握知识和技能的前提，也是掌握知识和技能的结果。二者相互促进、相互转化。

经济学中关于"技能"的定义与心理学不同。虽然经济学研究者还未形成关于技能的一致定义，但是都认可技能是一个比较宽泛的概念，它涵盖各种知识、特征与潜能。例如，OECD的一份报告将技能定义为"完成一项任务或活动所必须具备的知识、特征与潜能的集合。一个国家在一定时间内所具备的技能总和，就构成了这个国家的人力资本。"① 可见，"技能"是对人力资本的直接测量，心理学中的"知识"、"技能"和"能力"都属于人力资本的范畴，因而都包含在经济学的"技能"概念中。

经济学也曾对"技能"与"能力"做严格区分，认为技能来自后天习得（acquired skills），能力来自自然禀赋（natural ability）。早期的人力资本研究都强调人力资本是通过后天投入获得的，先天的能力不属于人力资本。在明瑟收入方程中，能力往往被当作一个遗漏变量。但是新的遗传学研究表明，自然禀赋与后天习得之间并不存在截然界限，自然禀赋会受后天环境的影响，后天习得也受自然禀赋的制约，二者总是交互发生作用。现在的经济学研究不再对"技能"与"能力"的概念进行区分，甚至可以看到同一篇文献交替使用这两个词语的现象。② 此外，英语中"competence（能力、素质）"一词在经济学研究中的含义也与"技能"相同，可以交替使用。

日常也常谈到"技能"一词，如"技能型人才""高技能人才"。这是对人才类型的一种划分方法。按照生产或工作活动的目的，可以将人才划分为学术型（理论型）、工程型、技术型和技能型四类，后三类合称为应用型人才。其中，技能型人才是在生产和服务等领域岗位一线，掌握专门知识和技术，具备一定的操作技能，并在工作实践中能够运用自己的技术和能力进行实际操作的人员。可见，技能型人才强调劳动者的经验技术和动作技术，其"技能"的含义更接近心理学中的"技能"含义，与经济学研究中的"技能"

---

① OECD. Better skills, better jobs, better lives: a strategic approach to skills policies[R]. Paris: OECD Publishing, 2012.
② CUNHA F, HECKMAN J. The technology of skill formation [J]. American economic review, 2007, 97(2): 31–47.

不同。

高技能人才是技能型人才中具有较高水平者。具体而言，它是在生产、运输和服务等领域岗位一线的从业者中，具备精湛专业技能，在关键环节发挥作用，能够解决生产操作难题的人员。主要包括技能劳动者中取得高级工、技师和高级技师职业资格及相应职级的人员，①主要分布在一二三产业中技能含量较高的岗位上（《中华人民共和国职业分类大典》中第三至第六大类）。②

本书使用经济学中的"技能"定义，即技能是指完成一项任务或活动所必须具备的知识、特征与潜能的集合。

（二）为什么研究技能？

技能概念的提出，一方面因为技能改变了以往对人力资本的间接测量，成为新人力资本研究的基础；另一方面因为技能作为劳动力就业能力的根本，成为政府进行人力资本干预的新方向。

**1. 技能是新人力资本研究的概念基础**

20世纪60年代产生的人力资本理论，对经济、教育等领域的政策制定产生深远影响。然而，传统的人力资本分析往往将"人力资本"简化为其最基本的外壳——受教育年限。这种简化处理的方法在研究初期不失为明智之举，却不能满足新时期研究的需要。

受教育年限指标的缺陷逐渐显现。原因包括：第一，受教育年限只反映个体接受学校教育的时长，而不反映学校教育的质量和结果。同等受教育年限的个体，由于其所在学校的质量不同或（和）个体的努力程度不同，教育的结果可能存在天壤之别。第二，从时间上来看，受教育年限只反映个体在学校教育期间所获得的人力资本，而不反映学校教育结束后人力资本增长或消减的动态过程。换而言之，受教育年限在个体结束学校教育后就几乎静止

---

① 我国目前职业技能等级（工人系列）分为五级：初级工、中级工、高级工、技师、高级技师。
② 关于印发高技能人才培养体系建设"十一五"规划纲要的通知[EB/OL].[2022-08-01]. http://www.mohrss.gov.cn/SYrlzyhshbzb/zwgk/ghcw/ghjh/200704/t20070425_72346.htm.

不变,而人力资本积累则贯穿人的整个生命周期。第三,从空间上来看,受教育年限侧重反映个体在学校所积累的人力资本,而不能综合反映个体在学校、家庭、社会等不同场所积累的人力资本。

由于受教育年限指标存在以上缺陷,人力资本研究亟须找到对人力资本的更好测量方法。"技能"作为对人力资本的直接测量,有效弥补了上述缺陷——技能既反映学校教育的时长,也反映学校教育的质量和结果;技能是一个动态变化的概念,能够很好地反映个体生命周期中人力资本不断增长或消减的动态过程;技能能够综合反映个体在学校、家庭、社会等不同场所积累的人力资本总和。因此,新人力资本研究围绕"技能"概念而展开。艾瑞克·汉纳谢克、詹姆斯·赫克曼(James Heckman)等国际知名的教育经济学研究者均指出,基于技能的新人力资本研究是一个富有前景的研究领域。

**2. 技能是新人力资本干预政策的方向**

在数字化、全球化、人口老龄化与人口移动等背景下,国家之间的竞争日趋激烈。发达国家一方面面临中国、印度等新兴经济体的追赶;另一方面深受国内失业率(尤其是年轻人失业率)居高不下、收入差距扩大等问题困扰。这些国家迫切希望保持自身的人力资本优势,以维持本国的长期竞争力。然而,这些国家经过多年来对人力资本的大力投资,国民的受教育年限几乎接近极值。[①]传统的通过提高国民受教育年限来进行人力资本干预的政策,不仅在过去没有缓解失业和收入不平等等问题,而且在当下也没有施展余地。新的人力资本干预方向在哪里?

这些国家经过反思后发现,以往的人力资本政策过分关注国民受教育水平,而忽略了教育是否真正提高了劳动者的技能。对个体而言,只有掌握劳动力市场所需要的技能,才能获得就业、保证收入、维持生活;对社会而言,只有具备与劳动力市场需求相吻合的技能类型和水平,才能保障就业、促进经济增长和维护社会稳定。在这种背景下,一些国家和国际组织纷纷制定本国或本地区的技能发展战略。如表1-1所示,英国于2006年发布《经济全

---

① BRIAN K. Human capital: how what you know shapes your life [M]. Paris: OECD Publishing, 2007: 122.

球化背景下的共同繁荣——培养世界一流的技能》报告；美国国家科学院于2008年组织来自经济学、社会学、教育学等学科的权威学者，召开"未来技能需求"研讨会；[1]世界银行于2010年发布《技能提升：就业增加、生产率提高的关键》报告；经合组织于2012年发布《更好的技能、更好的工作和更好的生活：技能发展战略》报告等。这标志着"技能"成为这些国家或国际组织人力资本干预的新方向。

表1-1 发达国家或国际组织发布的技能报告

| 国家或国际组织 | 年份 | 技能报告名称 |
| --- | --- | --- |
| 英国 | 2006年 | 《经济全球化背景下的共同繁荣——培养世界一流的技能》 |
| 美国 | 2009年 | 《技能战略：确保美国工人和行业形成具有竞争力的技能》 |
| 澳大利亚 | 2010年 | 《澳大利亚未来劳动力：国家劳动力开发战略》 |
| 世界银行 | 2010年 | 《技能提升：就业增加、生产率提高的关键》 |
| 经合组织 | 2012年 | 《更好的技能、更好的工作和更好的生活：技能发展战略》 |
| 经合组织 | 2013年 | 《首轮成人技能调查结果》 |
| 经合组织 | 2015年 | 《年轻人的技能与就业能力》 |
| 经合组织 | 2017年 | 《技能与全球价值链》 |
| 经合组织 | 2019年 | 《在数字世界中蓬勃发展》 |
| 经合组织 | 2019年 | 《塑造美好未来的技能》 |
| 德国 | 2019年 | 《数字化转型背景下的继续教育和培训》 |

## 二、技能需求

劳动力需求是指企业在某一特定时期内，在某种工资率下愿意并且能够雇佣的劳动量。劳动力需求是企业雇佣意愿和支付能力的统一。[2]依此类推，技能需求是指企业在某一特定时期内，在某种工资率下愿意并且能够雇佣的

---

[1] MARGARET H. Research on future skill demands: a workshop summary [M]. Washington DC: National Academies Press, 2008.
[2] 杨河清. 劳动经济学 [M]. 北京：对外经济贸易大学出版社，2010：79-83.

# 第一章
## 导 论

技能。具体来说，可以从两个维度分析技能需求。其一，对不同水平技能的需求。例如，根据国家职业技能标准，美容师职业要求初中毕业或相当文化程度，大数据工程技术人员要求大学专科学历或高等职业学校毕业。其二，对不同类型技能的需求。例如，美容师职业要求从业者手指、手臂灵活，动作协调，大数据工程技术人员要求从业者具有较强的学习能力、计算能力、表达能力及分析、推理和判断能力。

劳动力市场技能需求受科技水平、产业结构、国际贸易、组织结构、劳动力市场制度、消费者偏好等诸多因素影响（图1-1）。在研究技能需求时，离不开对这些外部环境的分析。

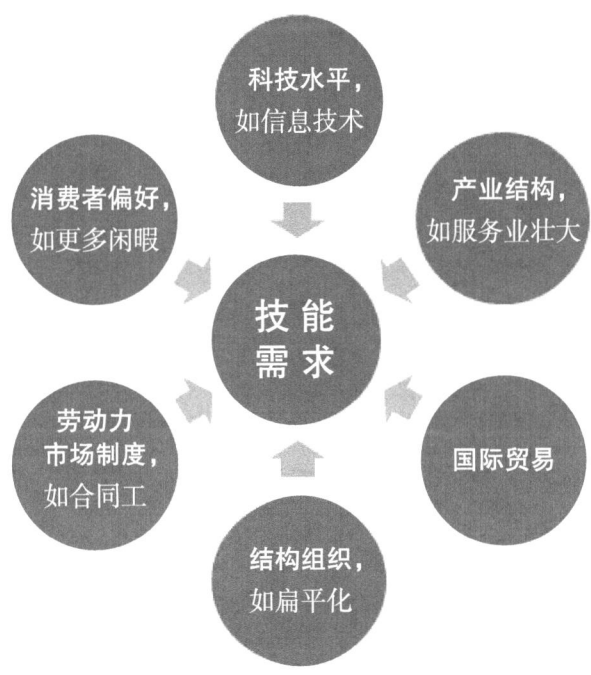

图1-1 技能需求的影响因素

## 三、教育供给侧改革

推进供给侧结构性改革（简称"供给侧改革"），是党中央和国务院适应和引领经济发展新常态做出的重大创新。在中国经济面临"四降一升"（经济增长速度下降、企业利润下降、工业生产品出厂价格下降、财政收入增幅下降及潜在风险特别是金融风险逐步上升）的背景下，单纯依靠刺激内需难以解决问题，必须改善供给结构，实现由低水平供需平衡向高水平供需平衡跃升。供给侧改革的主战场是要素市场改革，包括劳动力、土地、资本、技术和制度五大要素。供给侧改革，不是放弃需求侧谈供给侧，而是既强调供给又关注需求。改革的内涵是增强供给结构对需求变化的适应性和灵活性，不断让新的需求催生新的供给，让新的供给创造新的需求，在互相推动中实现经济发展。①

教育改革同样需要关注供给侧。我国人民群众高度重视教育，对接受高质量、个性化和多元化教育的需求强烈。然而，教育供给侧跟不上需求侧的变化，有效供给能力不足，导致大量"需求外溢"。例如，我国科技实现自立自强及加快构建新发展格局亟须大量科技创新人才，但高层次人才的自主培养能力不足，严重依赖海外引进；出国留学呈现低龄化、平民化和多元化趋势，不仅一部分成绩不好的学生放弃高考，越来越多的"尖子生"也放弃高考转投海外名校；② 一些家长放弃公立学校转而选择私立学校；一些学生和家长对学校教育缺乏信心，认为"读书无用"，选择早早地进入劳动力市场，等等。这些结构性问题的解决，需要推进教育供给侧改革。教育供给侧改革主要从教育资源配置、人才培养方案、专业和课程设置、教学大纲、教学方式等方面着手。

与"教育供给侧"概念接近的有"技能供给侧"一词。技能的形成除了依靠学校教育，还可以通过校外教育、工作岗位学习、在职培训和劳动力迁

---

① 在省部级主要领导干部学习贯彻党的十八届五中全会精神专题研讨班上的讲话[N]. 人民日报，2016-05-10（002）.
② 新华网. 留学低龄化趋势明显 如何帮助留学生快速适应海外生活[EB/OL]. [2022-08-01]. http://www.xinhuanet.com/abroad/2018-10/15/c_129971654.htm.

移（包括海外移民）等途径完成。本研究聚焦学校教育，分析劳动力市场技能需求对教育供给侧改革的启示。

## 第三节 理论依据

### 一、人力资本理论

传统的投资与资本分析侧重物质资本分析。物质资本是指可以提高生产力、产生未来收入的机器、设备和厂房等。人力资本理论将人力资本与物质资本分开，充分肯定人力资本在经济社会发展中的关键作用，认为同购买新机器及其他形式的物质资本一样，人力资本也可以提高生产力。人力资本是指凝结在人身上的各种体力、知识或技能。

早期的人力资本研究充分论证了受教育程度和个体收入之间的关系。受教育年限越长的个体，能力越强，劳动生产率越高，收入也随之越高。这条关系链似乎足够清晰和充分，以至于人们没有深入探究教育为什么能够提高劳动生产率、什么样的教育能够提高劳动生产率。直到20世纪70年代，经济学才深入探究这些问题。韦尔奇（Finis Welch）认为，教育不仅提高个体从事标准化工作和更高要求工作的能力，还能提高整个组织的工作效率。这是因为，受教育程度高的个体能够更有效地收集和处理关于成本与收益的信息，从而更有效地分配资源。[①] 后来，舒尔茨（1975）将这种能力称为"处理生产过程中不均衡状态的能力"。[②]

关于什么样的教育能够提高劳动生产率的问题，经济学研究从一开始只关注受教育年限，发展到关注以标准化测试成绩衡量的认知能力，以及各种各样的非认知能力。随着工作内容的不断变化及组织结构的改变，非认知能

---

① WELCH F. Education in production[J]. Journal of political economy，1970，78（1）：35-59.
② SCHULTZ T W.The value of the ability to deal with disequilibria[J]. Journal of economic literature，1975，13（3）：827-846.

力的重要性逐渐凸显。研究者发现，在新经济的发展中，非认知能力在生产过程中的作用更为重要，认知能力作用的发挥离不开非认知能力。还有研究者指出，当前人工智能对劳动力市场技能需求产生深刻影响，未来人力资本的内涵与测量、人力资本的积累方式、人力资本投资决策理论、人力资本与经济增长的关系、人力资本与收入分配的关系及人力资本与劳动力市场的关系可能都会有新的发展，人力资本理论又一次面临严峻挑战。[①]

## 二、劳动力市场搜寻理论

古典劳动经济学研究将劳动力市场运行建立在完全竞争市场的假设之上。即假设劳动力市场是完全竞争的，信息是充分的，所有劳动者和厂商都是同质的。劳动者只要接受均衡工资，就能找到雇佣者，获得工作；厂商只需要支付均衡工资，就能雇佣劳动者。在该假设之下，劳动力市场不存在搜寻，劳动者似乎不用努力寻找工作就能就业。然而，现实中的劳动力市场远不是完全竞争市场。

在真实的劳动力市场中，劳动者和厂商信息不对称，劳动者需要努力搜寻与工作相关的各种信息，也需要将自己的求职信息通过各种途径进行散播。信息不对称导致劳动者和厂商过高或过低地评价对方，这种摩擦带来的交易成本使均衡工资需要考虑搜寻成本。

菲尔普斯（Edmund Phelps）提出的职业搜寻理论认为，在信息不充分的条件下，工作搜寻者通过搜寻活动逐渐了解工资分布。搜寻者在劳动力市场上搜寻的时间越长，对工资分布越了解，则越有可能获得一份报酬较高的职业。[②] 获得有关报酬和工作岗位的信息需要花费成本，搜寻者通过比较搜寻的边际成本和可能获得的边际收益来决定是否继续搜寻。[③]

---

① 杜育红.人力资本理论：演变过程与未来发展[J].北京大学教育评论，2020，18（1）：90-100，191.
② PHELPS E. Microeconomic foundations of employment and inflation theory[M]. New York：Norton，1970.
③ 盛世明.序列寻访理论与大学生失业[J].上饶师范学院学报，2007（6）：15-18，94.

# 第一章
## 导 论

彼得·戴蒙德（Peter Diamond）、戴尔·莫滕森（Dale T. Mortensen）和克里斯托弗·皮萨里德斯（Christopher A. Pissarides）由于对劳动力市场搜寻与匹配理论及其应用做出杰出贡献，而获得2010年诺贝尔经济学奖。彼得·戴蒙德认为，如果不能有效地协调劳动力市场交易双方，搜寻和匹配问题必然产生失业问题。戴尔·莫滕森把失业解释为劳动力市场存在摩擦情况的劳动者寻求最优工作的自愿行为，强调劳动者的异质性、可替代性及工作搜寻时间的长短，并加以模型化。克里斯托弗·皮萨里德斯使用匹配函数来研究均衡失业率，开创了用劳动力市场分析方法来研究宏观经济问题的新局面。

劳动力市场搜寻理论从信息不对称的角度研究劳动力市场上"失业"与"岗位空缺"并存的现象，对我国劳动力市场研究具有重要启示。该理论主张，若要减少摩擦性失业，降低失业率，一个有效的方法是提高失业者和空缺岗位的匹配效率。而要提高匹配效率，当务之急是加强劳动力市场信息网络的建设，及时地为求职者和雇主提供各类求职信息和招聘信息。另外，要加强公共就业服务机构的就业服务职能，为求职者提供各类就业咨询，并对求职者进行针对性的就业指导和培训。[①]

中国作为一个转型中的市场经济国家，除了具有在成熟市场经济中的"信息不对称"和"外部性"问题，还存在拥有大量剩余劳动力及其工资上涨压力、法治缺失、竞争扭曲等问题。[②] 劳动力市场搜寻理论能够为完善市场机制，使劳动力市场中的"搜寻—匹配"以更小的成本进行，促进技能供需匹配提供启示。

---

① 乐君杰.工作搜寻理论、匹配模型及其政策启示：2010年诺贝尔经济学奖获得者研究贡献综述[J].浙江社会科学，2011（1）：135-140，159.
② 刘辉，焦建国.劳动力市场搜寻与匹配理论：2010年诺贝尔经济学奖得主的重要贡献[J].当代财经，2011（2）：20-26.

# 第二章
# 文献综述和研究设计

本章依次从技能的分类和测量、技能需求的测量、劳动力市场对不同水平技能的需求、劳动力市场对不同类型技能的需求、教育与劳动力市场需求的匹配研究等几个方面对已有文献进行回顾,并指出已有研究的不足和其对本研究的启示。最后,提出本研究的研究设计。

## 第一节 技能的分类和测量

### 一、技能的分类

已有研究对于技能的分类还未形成共识。研究者往往出于不同的研究目的,将技能划分为不同的类型。较早对技能分类进行研究的是《美国职业名称辞典》(Dictionary of Occupational Titles,DOT)。它将从事不同职业所需的技能分为三类:与数据(data)打交道的技能、与人(people)打交道的技能、与具体事物(things)打交道的技能,分别对应认知技能、人际交往技能和身体技能。这一分类标准成为后续许多研究的基础。

David Autor 等在研究技术进步对技能需求的影响时,在 DOT 分类的基础上,按照计算机技术对技能的取代程度,将技能细分为程序性的认知技能(routine cognitive)、非程序性的认知技能(non-routine cognitive analytical)、非程序性的非认知技能(non-routine non-cognitive interpersonal)、程序性的身体技能(routine manual)和非程序性的身体技能

（non-routine manual physical）五类。① 所谓"程序性"是指一项技能被编写成计算机程序进而被计算机技术取代的程度。例如，同样是认知技能，程序性的认知技能容易被计算机技术取代（如电话接线员、图书管理员等职业需要的技能），而非程序性的认知技能难以被计算机技术取代（如律师、医生、教师等职业需要的技能）。该分类框架在分析技术进步对技能需求的影响、劳动力市场技能需求的变化时尤为适用，被后续许多研究借鉴。

世界银行在开展劳动力技能测试时将技能分为认知技能、非认知技能和职业技能（technical skills）三类。② 在该分类中，身体技能属于非认知技能。职业技能是指从事某一项具体工作时所使用的认知技能和非认知技能的集合。个体就业能力的高低不仅取决于与工作直接相关的职业技能，还取决于一般性的认知技能和非认知技能。可见，该分类与 DOT 分类的差别是，DOT 分类认为每一项职业都需要认知技能、人际交往技能和身体技能，不同职业对这三类技能的需求程度不同；但世界银行将职业技能作为单独的一类。

联合国教科文组织在分析青年人的就业能力时将技能分为基础技能（foundation skills）、通用技能（transferable skills）和职业技能（technical and vocational skills）三类③。基础技能是指基本的读写算技能，它既是获得维持基本生活所需的工作的前提，也是进一步掌握通用技能和职业技能的基础。通用技能是指在不同的工作情境下都可以使用的技能，如交流和沟通能力、分析和解决问题的能力、领导能力、创造能力等。职业技能是指从事特定职业所需要的特殊技能。该分类方法试图既体现技能的专门性，又体现技能的水平高低，结果造成了一定的混乱。例如，有的研究认为，基本的读写算技能也是通用技能④。

---

① DAVID H, LEVY F, MURNANE R J. The skill content of recent technological change: an empirical exploration [J]. Quarterly journal of economics, 2003, 118（4）: 1279-1333.
② ALMEIDA L, BEHRMAN J, ROBALINO D. The right skills for the job?Rethinking training policies for workers [M]. Washington DC: World Bank Publications, 2012: 34.
③ UNESCO. Education for all global monitoring report 2012 – youth and skills: putting education to work[R]. Paris: UNESCO publishing, 2012: 14.
④ KUCZERA M, FIELD S, HOFFMAN N, et al. Learning for jobs [EB/OL]. [2022-08-01]. https://www.oecd-ilibrary.org/education/learning-for-jobs_9789264087460-en.

Micheal Handel 根据技能的专门性，将技能分为一般技能（general skills）[①]和专门技能（job-specific skills）两类[②]（表2-1）。一般技能是指从事不同职业都需要使用的技能；专门技能是指从事某一职业所需要使用的特定技能。在教育领域，长期存在的"通识教育"与"职业教育"之争认为，普通教育（或通识教育）能够更好地培养一般技能，职业教育能够更好地培养专门技能。因而，这种分类方法适用于分析"通识教育"与"职业教育"的利弊（如美国教育体制与德国教育体制的比较）。但其缺点是，难以对一般技能和专门技能进行直接的测量。

表2-1 技能的不同分类方法

| 研究者 | 分类依据 | 技能类型 |
| --- | --- | --- |
| 美国职业名称辞典（DOT） | 处理对象的不同 | 认知技能、人际交往技能、身体技能 |
| David Autor 等（2003） | 被计算机技术取代的程度 | 程序性的认知技能、非程序性的认知技能、非程序性的非认知技能、程序性的身体技能、非程序性的身体技能 |
| 世界银行（2010） | 技能的专门性和处理对象的不同 | 认知技能、非认知技能和职业技能 |
| 联合国教科文组织（2012） | 技能的水平和专门性 | 基础技能、通用技能、职业技能 |
| Micheal Handel（2012） | 技能的专门性 | 一般技能、专门技能 |

虽然已有研究对技能的分类方法各异，但是不同分类方法的共同点是，都重视从劳动力市场价值和需求出发探讨技能的类型。技能要想发挥其经济价值，就离不开劳动力市场价值和需求。反而言之，劳动力市场需求体现为对不同水平和类型技能的需求，这为技能形成体系提出相应的改革信号。紧密围绕劳动力市场需求来探讨技能（实质是人力资本）的形成，这是新人力资本研究与传统人力资本研究的重要区别之一。传统人力资本研究一再强调

---

① 也有研究使用 generic skills 的提法。
② HANDEL M. Trends in job skill demands in OECD countries [EB/OL]. [2022-08-01]. https://www.oecd-ilibrary.org/social-issues-migration-health/trends-in-job-skill-demands-in-oecd-countries_5k8zk8pcq6td-en.

教育的经济价值和社会价值，却没有深入分析到底是教育的哪些内容（或者教育到底怎么）促进经济社会发展①。新人力资本研究基于技能分类及对不同类型技能的探讨，更加深入和细致地研究教育所培养的不同类型技能的经济价值和社会价值。

在劳动力市场分工越来越细化、劳动力市场需求变化加速的背景下，劳动者的社会交往能力、团结协作能力等非认知技能受到雇主的重视。雇主调查显示，非认知技能是员工招聘、考核和晋升时必须考察的重要因素。因此，上述分类方法都认识到了非认知技能的重要性。詹姆斯·赫克曼认为，以往的学术研究和政策讨论都专注于认知技能，忽略了至少同等重要的非认知技能②③。他本人非常重视非认知技能的研究。

## 二、技能的测量

虽然相对于传统的"受教育年限"指标，"技能"能够更好地度量人力资本，但是由于技能的定义和分类尚未形成共识，而且直接测量技能的成本较高，一些研究在数据可得性受限的情况下，使用一些指标间接地测量技能。在资源条件允许的前提下，一些研究才对不同类型的技能进行直接测量。

### （一）对技能整体水平的间接测量

已有研究常用职业类型、职业技能等级、受教育程度、职业的平均（或中位数）工资等指标间接地反映个体的技能水平。

**1. 职业类型**

职业是利用专门的知识和技能参与社会分工，为社会创造物质财富和

---

① LEVIN H M. The importance of educational adaptability [EB/OL]. [2022-08-01].https://www.ets.org/Media/Research/pdf/session5-levin-paper-tea2012.pdf.
② HECKMAN J J. A research agenda for understanding the dynamics of skill formation in American society [EB/OL]. [2022-08-01]. https://www.aeaweb.org/content/file?id=370.
③ 詹姆斯·赫克曼有时也使用"软技能（soft skills）"一词，如James Heckman 和 Tim Kautz（2012）等。该研究认为软技能即非认知技能，硬技能即认知技能。

精神财富,并获取合理报酬,满足精神需求的工作。根据不同的标准和不同的汇总程度,可以把职业划分成不同的类型。1958 年,国际劳工组织制定了世界上第一个国际标准职业分类(International Standard Classification of Occupations, ISCO)[①],成为各国制定职业分类的依据和基础。该分类根据不同职业承担任务或职责所需的"技能水平"和"技能的专业程度"[②],把职业分为十大类(如表 2-2 中左侧列所示)。一般认为,从事第一、第二和第三大类职业的劳动者为高技能劳动者,从事第四和第五大类职业的劳动者为中等技能劳动者,从事第六、第七、第八和第九大类职业的劳动者为低技能劳动者[③]。

我国于 1999 年颁布第一部职业分类大典,即《中华人民共和国职业分类大典》。之后对该分类大典进行了修订,出台《中华人民共和国职业分类大典(2015 年版)》,现在正在结合新的经济社会发展形势启动第二轮修订。根据该大典,我国的职业类型划分为八大类(如表 2-2 中右侧列所示)。一般认为,从事第一和第二大类职业的劳动者为高技能劳动者,从事第三和第四大类职业的劳动者为中等技能劳动者,从事第五、第六和第八大类职业的劳动者为低技能劳动者。本研究将利用实证数据对此进行检验。

表 2-2 国际标准职业分类(2008)与中华人民共和国职业分类大典(1999)的对比

| 国际标准职业分类(2008) | 中华人民共和国职业分类大典(1999) |
| --- | --- |
| 1. 管理者(managers) | 1. 国家机关、党群组织、企业、事业单位负责人 |
| 2. 专业人员(professionals) | 2. 专业技术人员 |
| 3. 技术人员和专业人员助理(technicians and associate professionals) | |

---

[①] 后来分别于 1968 年、1988 年和 2008 年进行修订,分别是 ISCO-68、ISCO-88 和 ISCO-08。

[②] The Tripartite Meeting of Experts on Labour Statistics. Resolution concerning updating the international standard classification of occupations [EB/OL]. [2022-08-01].http://www.ilo.org/public/english/bureau/stat/isco/docs/resol08.pdf.

[③] 第十大类为军人,不在考虑范围之内。

续表

| 国际标准职业分类（2008） | 中华人民共和国职业分类大典（1999） |
|---|---|
| 4. 办事人员（clerical support workers） | 3. 办事人员和有关人员 |
| 5. 服务人员及销售人员（service and sales workers） | 4. 社会生产服务和生活服务人员 |
| 6. 农林渔业技术人员（skilled agricultural, forestry and fishery workers） | 5. 农、林、牧、渔业生产及辅助人员 |
| 7. 工艺及有关人员（craft and related trades workers） | 6. 生产、运输设备操作人员及有关人员 |
| 8. 机械机床操作员及装配工（plant and machine operators, and assemblers） | |
| 9. 非技术工人（elementary occupations） | 8. 军人 |
| 10. 军人（armed forces occupations） | 7. 不便分类的其他从业人员 |

在用职业类型来反映技能水平时，除了以上对职业类型的基本划分，还可以将职业划分为白领与蓝领、脑力劳动者与体力劳动者、制造业领域非生产性工人与生产性工人等。其中，白领、脑力劳动者、制造业领域非生产性工人为高技能劳动者，而蓝领、体力劳动者、制造业领域生产性工人为低技能劳动者。

用个体的职业类型反映技能水平，用职业结构的变迁反映劳动力技能分布和变化趋势，这种方法简明易懂、数据易得。但缺点是，职业是一个综合反映多项技能的整体概念，它无法反映某一项具体技能的水平；职业类型是一个分类变量，无法进行定序或定量研究；在实际研究中，研究者往往将职业汇总成职业大类，汇总以后就失去了对细节的描绘；随着职业结构的不断变迁，职业分类方法也随之进行修订和调整，给比较带来不便。

**2. 职业技能等级**

职业类型反映不同职业从业者之间的技能水平差异，而职业技能等级反映同一职业内部不同从业者的技能水平差异。《国家职业技能标准编制技术规程（2018年版）》规定，我国的职业技能等级由低到高一般分为五级，分别是五级/初级工、四级/中级工、三级/高级工、二级/技师、一级/高级技师。

职业技能等级越高，表示技能水平越高。表2-3对这5个等级的标准进行了描述。

表2-3 我国职业技能等级划分标准

| 职业技能等级 | 等级标准 |
| --- | --- |
| 五级/初级工 | 能够运用基本技能独立完成本职业的常规工作 |
| 四级/中级工 | 能够熟练运用基本技能独立完成本职业的常规工作；在特定情况下，能够运用专门技能完成较为复杂的工作；能够与他人进行合作 |
| 三级/高级工 | 能够熟练运用基本技能和专门技能完成较为复杂的工作；包括完成部分非常规性工作；能够独立处理工作中出现的问题；能指导他人进行工作或协助培训一般操作人员 |
| 二级/技师 | 能够熟练运用基本技能和专门技能完成较为复杂的、非常规性的工作；掌握本职业的关键操作技能技术；能够独立处理和解决技术或工艺问题；在操作技能技术方面有创新；能组织指导他人进行工作；能培训一般操作人员；具有一定的管理能力 |
| 一级/高级技师 | 能够熟练运用基本技能和特殊技能在本职业的各个领域完成复杂的、非常规性的工作；熟练掌握本职业的关键操作技能技术；能够独立处理和解决高难度的技术或工艺问题；在技术攻关、工艺革新和技术改革方面有创新；能组织开展技术改造、技术革新和进行专业技术培训；具有管理能力 |

用个体的职业技能等级反映技能水平，这种方法简明易懂、数据易得。但缺点是，由于我国的职业技能等级制度尚不完善，现实中普遍存在劳动者对职业技能等级的认知度低，企业在职员工参加职业技能鉴定的比例较低，企业在招聘和考核员工时对职业技能等级不重视等现象。

### 3. 受教育程度

学校教育是个体获取技能的重要渠道。用个体的受教育程度间接地反映技能水平，其道理简明易懂。受教育程度越高，表示个体的技能水平越高。国外一些劳动经济学研究常将具有大学及以上受教育水平的劳动者看作高技能劳动者，将具有高中及以下受教育水平的劳动者看作低技能劳动者。欧盟国家基于统一的欧洲资格框架（European Qualifications Frameworks），常按照受教育程度将技能分为高、中、低3个水平。例如，英国一些研究将初中及以下受教育程度的劳动者看作低技能劳动者，将高中受教育程度的劳动者看作中等技能劳动者，将大学及以上受教育程度的劳动者看作高技能劳动者[①]。

这种方法的缺点显而易见。正如上文所说，相同受教育程度的个体，由于其学校教育质量、个体努力程度等原因，技能水平可能相差悬殊；尤其在进行跨国、跨区域比较时，教育质量的差异可能很大；受教育程度在个体完成学校教育后基本就静止不变了，但技能水平在人的一生中动态变化，既可以增长，也可以退化；个体受教育水平与工作所需的教育水平之间往往存在不匹配情况（如教育过度与教育不足等），这种情况下，用受教育程度来反映工作所需的技能水平存在偏误；由于教育扩展等原因，即使劳动力市场技能需求没有发生变化，劳动力的受教育水平也可能出现上升。

**4. 职业的平均（或中位数）工资**

工资是技能的价格。职业的平均（或中位数）工资越高，表示从业者的技能水平越高。例如，2018年广东省人力资源市场工资指导价位显示，初级工、中级工、高级工、技师和高级技师的月工资指导价位分别为3558元、4320元、5627元、6095元和6838元。随着技能水平的上升，工资指导价位也随之上升。

这种方法具有一定的合理性。但缺点是，工资不仅受技能水平的影响，还受许多其他因素的影响。例如，性别、企业所有制、工资制度等。有时候即使技能没有发生改变，工资也可能发生变化。

上述4种方法都是使用一定的指标来间接地"测量"技能。在数据可得性受限的条件下，间接测量法使得分析和研究技能成为可能。但是，间接测量法的缺陷在于，它始终没有直接地测量技能。而且，由于没有对技能的类型进行细分，间接测量法只能回答技能的整体水平问题，而无法回答具体某一类型技能的水平和需求等问题。随着研究的不断推进，一些研究者开始尝试直接地测量技能。

---

① CBI. Tomorrow's growth: new routes to higher skills [EB/OL]. [2022-08-01]. http://www.cbi.org.uk/media/2178879/tomorrow_s_growth.pdf.

## (二)对不同类型技能的直接测量

### 1. 认知技能的测量

对认知技能的测量由来已久,已有研究常用阅读、数学、科学等标准化测试成绩来表示认知技能。例如,国际学生评价项目(Programme for International Student Assessment,PISA)与国际数学和科学趋势研究(Trends in International Mathematics and Science Study,TIMMS)都是认知技能测试的典型代表。前者测试阅读、数学和科学3个科目,后者测试数学和科学2个科目。虽然2个测试的设计思路存在差异,PISA测试更侧重学生在实际情境中运用知识的能力,而TIMMS测试更侧重学生对课程知识的掌握程度,但是2个测试成绩呈现高相关性[①]。例如,对19个国家的测试成绩进行分析表明,2003年的TIMMS测试成绩与2003年的PISA测试成绩在数学科目上相关系数为0.87,在科学科目上相关系数为0.97。这种强相关性说明2个测试都在测量认知技能的相同成分。

### 2. 非认知技能的测量

非认知技能的测量相对较为困难,虽然不同领域的研究者越来越重视非认知技能,但是非认知技能的内涵及测量方法还未形成共识。第一,非认知技能包含的内容很多,是否存在一个单一的指标来对非认知技能进行统一测量?第二,非认知技能的测量容易受个体主观情绪、态度等影响,不像认知技能的测量那样客观。第三,不同地域、种族、宗教、文化、道德观念的人群,对非认知技能的理解和态度存在偏差,使得编制一套具有跨文化适用性和可比性的非认知技能测试工具尤为困难。

已有研究常测量非认知技能的某一方面,如社会适应性、自我价值感、自我控制感等。实证研究者则基于数据的可得性,利用可得的非认知技能测试数据开展实证研究。如表2-4所示,已有实证研究所使用的非认知技能测量指标可能存在很大差别。近20年来,人格心理学中"大五人格理论(Big Five

---

① HANUSHEK E A,MACHIN S,WOESSMANN L. Handbook of the economics of education [M]. Amsterdam:NorthHolland,2011:89–200.

Personality Traits)"的发展,让越来越多的研究者认同人格结构中比较稳定的五大因素,即外倾性、情绪稳定性、开放性、随和性和尽责性。大五人格量表不断改进,并被证明具有较好的跨语言、跨评定者和跨文化的稳定性。现在越来越多的研究者使用大五人格量表测量非认知技能。詹姆斯·赫克曼认为,大五人格量表是测量非认知技能很好的工具[①]。美国哥伦比亚大学教授亨利·莱文(Henry Levin)建议,有必要在大规模教育评价项目(如 PISA 等)中纳入非认知技能测试,而大五人格量表是已有关于非认知技能测试的最好方法[②]。

表 2-4 已有关于非认知技能的实证研究常使用的数据来源

| 数据库名称 | 测量指标 | 测量工具 | 年份 |
| --- | --- | --- | --- |
| 英国儿童发展调查(National Child Development Survey,NCDS) | 社会适应性 | 布里斯托社会适应测试 | 1965<br>1969<br>1974 |
| 美国收支动态长期追踪调查(Panel Study of Income Dynamics,PSID) | 成就动机 | 阿特金斯成就动机理论指导下的成就动机量表 | 1971 |
| 美国青年追踪调查(National Longitudinal Survey of Youth,NLSY) | 自我控制感 | 罗特控制点量表 | 1979 |
| | 自我价值感 | 罗森伯格自尊量表 | 1980 |
| 澳大利亚家庭、收入及劳动力动态调查(Household Income and Labour Dynamics in Australia,HILDA) | 个人掌控感 | 佩尔林和斯库勒个人掌控感量表 | 2003<br>2004 |
| | 人格 | 大五人格量表 | 2005 |
| 荷兰家庭追踪调查(The DNB Household Survey) | 人格 | 大五人格量表 | 2005 |
| 英国家庭追踪调查(The British Household Panel Survey) | 人格 | 大五人格量表 | 2005 |

---

① HECKMAN J J, KAUTZ T. Fostering and measuring skills: interventions that improve character and cognition[R]. Chicago, IL: University of Chicago Press, 2014.
② LEVIN H. The utility and need for incorporating non-cognitive skills into large-scale educational assessments [M]. Springer: Dordrecht, 2013.

### 3. (非)程序性的认知技能、非程序性的非认知技能、(非)程序性的身体技能的测量

David Autor 等创造性地将技能划分为程序性的认知技能、非程序性的认知技能、非程序性的非认知技能、程序性的身体技能和非程序性的身体技能5种。该研究被后续研究引用近5000次。表2-5对这5种技能的特征及其代表性职业进行了详细介绍。

表2-5 按照技能的程序性对技能类型的划分

| 技能名称 | 特征 | 代表性职业 |
| --- | --- | --- |
| 程序性的认知技能 | ①重复性，但非体力性的工作；<br>②注重准确性和精确性；<br>③为结构化的工作 | 电话接线员、图书管理员等 |
| 非程序性的认知技能 | ①分析数据或信息；<br>②具有创造性的思维；<br>③理解外界信息 | 计算机程序员、教师、律师、医生、护士等 |
| 非程序性的非认知技能 | ①建立和维护人际关系；<br>②调配和激励下属；<br>③指导他人 | 管理者 |
| 程序性的身体技能 | ①被动地根据机器的速度来调整身体动作；<br>②机械地控制某一机器或程序；<br>③为重复性的劳作 | 传统农民、建筑工人、流水线生产工人等 |
| 非程序性的身体技能 | ①操作设备、机器；<br>②运用双手来控制、操作某个物体或工具；<br>③双手灵巧；<br>④可对空间准确定位 | 重型机器的操控员、手工艺者等 |

对这5种技能的测量，依赖于工作任务分析法，即通过问卷调查等形式，询问被试者在工作中从事各项活动的情况。对每种技能所对应的具体活动进行一定的汇总，就可以得出个体在这5种技能水平上的得分。现实中，由于美国职业信息网络（The Occupational Information Network，O*NET）数据集包含这些调查信息，许多研究者基于该数据集计算不同职业对这5种技能的需求。

用数学式表示如下，其中 $i$ 表示某类职业，$X_i$ 表示这类职业的技能集合。

$$X_i \begin{cases} X_i^{程序性的认知技能} \\ X_i^{非程序性的认知技能} \\ X_i^{非程序性的非认知技能} \\ X_i^{程序性的身体技能} \\ X_i^{非程序性的身体技能} \end{cases}$$

（三）国际上有影响力的技能测试

现有的技能调查主要有3种形式。第一，在大规模社会调查中包含一部分关于技能测试的模块，如表2-4所列举的各项调查。第二，面向青少年学生的认知技能测试，如PISA测试和TIMMS测试。第三，面向成年劳动力的专门技能调查，如国际成人技能调查（Programme for the International Assessment of Adult Competencies，PIAAC）等。

表2-6从样本量的大小、对技能的测试是否详细而全面、是否有专业力量参与、是否包含个体的经济社会结果指标等4个方面对3种形式的技能调查进行比较。可以发现，第3种形式的技能调查不仅样本量大、对技能的测试详细而全面、专业队伍强，而且包含个体的经济社会结果指标，有利于开展技能的经济社会影响研究。不少专家学者和政策制定者都在呼吁或着手开展第3种形式的技能调查。本研究主要介绍第3种形式的技能调查，首先介绍国际性的成人技能调查，其次介绍其他国家的劳动力技能调查，最后再介绍国内的技能测试。

表2-6　3种技能调查的优缺点比较

|  | 样本量大 | 对技能的测试详细而全面 | 专业力量参与 | 包含个体的经济社会结果指标 |
|---|---|---|---|---|
| 第1种 | √ | × | √ | √ |

**劳动力市场**
技能需求与教育供给侧改革

续表

|  | 样本量大 | 对技能的测试详细而全面 | 专业力量参与 | 包含个体的经济社会结果指标 |
|---|---|---|---|---|
| 第2种 | √√ | √ | √√ | × |
| 第3种 | √√ | √√ | √√ | √ |

注：×表示不具备该项特征，√和√√都表示具备该项特征，但√√的程度更强。

**1. 国际性的成人技能调查**

国际性的成人技能调查主要有 OECD 的 PIAAC 测试和世界银行组织的 STEP 测试（Skills Toward Employability and Productivity，STEP）。PIAAC 测试的前身是国际成人基本阅读技能测试（International Adult Literacy Survey，IALS）和国际成人基本技能测试（Adult Literacy and Life Skills Survey，ALL）。测试内容包括读写技能、计算技能和在丰富的技术环境中解决问题的技能 3 个部分。目前已经举办两轮 PIAAC 测试，共有 40 多个国家参与，主要是发达国家。基于 PIAAC 测试的结果，参与国可以了解本国劳动力的技能现状及存在的问题，还可以进行跨国比较和历时分析，有利于对劳动力的技能状况进行动态监测。

STEP 测试的发端较晚，它于 2012 年开始主要用于发展中国家。测试内容包括认知技能、非认知技能和职业技能 3 个部分。STEP 测试区别于 PIAAC 测试的重要特点在于：第一，它不仅包含成年劳动力的个人调查，也包含企业雇主调查，有利于将技能的供给信息，与需求信息匹配起来。第二，STEP 测试是目前唯一包含非认知技能的国际测试项目。它使用大五人格量表等工具来测量非认知技能，可以说是国际技能测试的一大进步。而且，STEP 测试成绩与 PIAAC 测试成绩可以相互转换，这为扩大跨国研究的样本量提供了便利（表 2-7）。

表 2-7　PIAAC 测试与 STEP 测试的比较

|  | PIAAC 测试 | STEP 测试 |
|---|---|---|
| 发起者 | OECD | 世界银行 |

续表

| | PIAAC 测试 | STEP 测试 |
|---|---|---|
| 参与国家 | 发达国家 | 发展中国家 |
| 测试内容 | 读写技能、计算技能和在丰富的技术环境中解决问题的技能 | 认知技能、非认知技能和职业技能 |
| 特征 | 历史较早，其前身为国际成人基本阅读技能测试和国际成人基本技能测试，开始于20世纪末期 | 不仅包含成年劳动力的个人调查，也包含企业雇主调查；首次在国际测试项目中纳入非认知技能测试 |

### 2. 其他国家的劳动力技能调查

其他国家的劳动力技能调查主要有美国的职业信息网络（O*NET）技能调查和英国的技能和就业调查（Skills and Employment Survey）等。美国O*NET调查通过向劳动者发放问卷，收集他们在工作中所使用的各项技能信息。其目的是将个体数据进行汇总，形成各个职业所需要的技能类型和水平的数据集。因此，美国的职业分类大典不仅包含详细的职业分类，还包含对不同职业所需技能的细致描述。例如，从事小学教师职业，最重要的是掌握教的技能（instructing）和口头表达技能（speaking），这两项技能的重要性都是81分（满分是100分）。该数据集定期更新，并通过网络免费向公众开放，以便于求职者、雇主、就业指导者、学校教师等不同角色的人群便利地了解职业信息，实现技能供给与需求的更好匹配。

英国的技能和就业调查起源于20世纪80年代中期的英国工作状况调查（Working in Britain Survey），改版后的调查分别于1997年、2001年、2006年、2012年和2017年施测过5次。基于这5轮调查形成的数据集，研究者可以开展英国劳动力技能的变化趋势研究。

### 3. 国内的技能测试

国内有影响力的技能测试不多。专门的成年劳动力技能调查主要有云南省昆明市代表我国参加的世界银行组织的STEP测试，以及中国社会科学院人口与劳动经济研究所组织的中国城市劳动力调查成人基本能力测试。此外，在个别大规模的社会调查中包含一部分技能测试的模块,如中国家庭追踪调查等。

（1）云南省昆明市参加的 STEP 测试

2012 年,云南省昆明市代表我国参加了世界银行组织的 STEP 测试。该测试分为两个部分:其一为家庭和个人调查;其二为雇主调查。家庭和个人调查就是在昆明市市区抽取 2000 个家庭,然后在每个家庭中随机抽取 15～64 岁的成员一名。雇主调查按照行业和公司规模进行分层随机抽样,抽取了昆明的 300 家非公有制企业。表 2-8 对 STEP 测试的内容框架进行了介绍。

表 2-8　STEP 测试的内容框架

| | 内容框架 |
| --- | --- |
| 家庭层面信息 | 家庭成员基本情况、住房情况、生活条件等 |
| 个人层面信息 | 教育和培训情况、健康状况、雇佣状况、认知技能和工作技能、人格特征、行为和偏好、语言和家庭背景、阅读测验等 |
| 企业层面信息 | 企业背景信息、经营情况、招聘情况、技能需求、薪酬情况等 |

该测试的优点在于以下 3 点:第一,对技能的测试较为全面,既包括认知技能、非认知技能,也包括与工作相关的技能;第二,包含个体的经济社会指标,可以进行技能的经济社会影响研究;第三,不仅有个体的技能测试,也有企业的技能需求调查,有助于将技能供给与需求相结合。该测试的缺点在于以下两点:第一,覆盖的地域范围太窄,仅云南省昆明市;第二,样本量偏小。据 2010 年人口普查数据,云南省昆明市市区人口约 254 万人,其中约 193 万人为 15～64 岁[①]。按统计学测算,即采用 95% 的置信水平和 1.96 的置信区间,要至少抽取 2497 人才能代表总体。

（2）中国城市劳动力调查成人基本能力测试

中国城市劳动力调查分别于 2001 年、2005 年、2010 年和 2016 年开展了 4 轮。2002 年,在第一轮调查的基础上补充开展了成人基本能力测试（China

---

① BAI T Z. National survey design planning report skills toward employment and productivity (STEP) CHINA-Yunnan [EB/OL]. [2022-08-01].https://www.worldbank.org/en/publication/human-capital.

Urban Labor Survey–Literacy Test，CULS_LT）。该测试在沈阳、西安、武汉、福州、上海等5个城市开展，每个城市调查约700个城市居民家庭和600位城市外来人口。被抽中家庭的所有16岁以上人口（不包括在校学生）为被调查对象。测试的内容包括散文阅读（prose literacy）、公文阅读（document literacy）和数量分析（quantitative literacy）等3个方面。

这是我国较早进行的成年劳动力基本技能测试。样本的地域范围包括东、中、西部地区的5个城市，且样本中包含城市外来人口、下岗职工等特殊人群。不过，第二轮和第三轮中国城市劳动力调查没有继续开展成人基本能力测试，因而没有形成历时较长的纵向数据。

（3）中国家庭追踪调查

中国家庭追踪调查（China Family Panel Studies，CFPS）由北京大学中国社会科学调查中心实施，旨在通过跟踪收集个体、家庭、社区3个层次的数据，反映中国社会、经济、人口、教育和健康的变迁。2010年该调查进行初访，然后分别于2012年、2014年、2016年和2018年开展了追踪调查。调查覆盖中国除香港、澳门、台湾、西藏、新疆、青海、内蒙古、宁夏和海南之外的25个省（自治区、直辖市）。这25个省（自治区、直辖市）的人口约占全国总人口（不含香港、澳门、台湾）的95%。因此，CFPS的样本可以视为一个具有全国代表性的样本。该调查将16岁以下个体视为少儿，将16岁及以上个体视为成人，分别针对这两类人群开展了认知技能测试（包含字词测试和数学测试）、身体技能测试和心理抑郁测试。

## （四）技能需求的测量

在技能测量的基础上，技能需求的测量主要有以下几种方法。

第一，根据不同类型从业者的占比变化进行测量。不同职业类型、不同职业技能等级、不同受教育程度等从业者所占比重的变化，可以反映劳动力市场对不同水平和类型技能的需求变化。

第二，根据不同技能劳动者的失业率、不同技能岗位的求人倍率等进行测量。失业率越高，表示对该技能的劳动者需求越小，反之则越大。求人倍率是劳动力市场在一个统计周期内有效需求人数与有效求职人数之比。求人倍率大于1，说明职位供过于求；求人倍率小于1，说明职位供不应求。

第三，根据技能溢价（skill premium）及其变化进行测量。技能溢价是指高技能劳动者和低技能劳动者工资的比率。在其他条件保持不变的情况下，供给不变或者供给增加的同时，技能溢价出现上升，则表明技能的需求在增加。例如，美国20世纪后半叶，受过高等教育的劳动者供给不断增加，但高等教育相对于高中教育的技能溢价不仅没有下降，反而出现上升，其原因就是技术进步导致对受过高等教育的劳动者需求不断增加。

第四，根据工作任务分析法进行测量。基于问卷调查或专家评判的方法，对从业者受教育水平、所需培训的时间、胜任岗位所需的时间、工作中承担的任务或职责等进行分析，可以表明从事该工作所需的技能水平或类型。对个体数据进行职业层面的汇总，可以得出不同职业所需的技能。

第五，对雇主进行技能需求调查。这是最直接的一种方法。首先，将工作所需的技能划分为不同类型。其次，让雇主对不同类型技能的需求程度进行评分。最后，对雇主评分进行一定程度的汇总和分析。

已有研究往往基于数据可得性，采用不同的方法测量技能需求。在数据允许的情况下，一些研究综合使用多种不同的方法，从不同侧面对技能需求进行验证。

## 第二节　劳动力市场对不同水平技能的需求

国外学者关于劳动力市场对不同水平技能的需求，主要形成了两种不同的观点：一是技能升级（skill upgrading），即劳动力市场对技能的需求越来越高，对高技能劳动者的需求不断增加，对低技能劳动者的需求相对减少；二是技能极化（skill polarization），即劳动力市场对高技能劳动者和低技能劳动者的需求都在增加，但是对中等技能劳动者的需求相对减少，从而呈现技能需求的两端分化。下文分别对这两类研究进行综述。

# 第二章 文献综述和研究设计

## 一、国外关于技能升级的研究

技能升级研究的主要理论基础是技能偏向型技术进步理论（skill-biased technological changes）。该理论认为，现代技术尤其是计算机技术的发展使得劳动力市场对高技能劳动力的需求相对增加，对低技能劳动力的需求相对减少，从而劳动力市场的需求出现技能升级。技术进步的方向之所以偏向高技能劳动力，是因为技术进步与高技能劳动力之间存在互补关系（资本—技能互补，capital-skill-complementarity）。

而19世纪的技术进步是低技能偏向型的（unskill-biased），即技术进步导致对低技能劳动力的需求增加，对高技能劳动力的需求减少。其原因是，当时的技术进步与高技能劳动力之间存在相互替代的关系（skill replacing）。例如，工厂的出现，使得以前必须由高技能工匠完成的工作，改为在工厂由分工明确细致的低技能工人完成。技术进步导致对高技能工匠的需求减少，对低技能工人的需求增加。

许多研究者运用实证数据验证和支持技能偏向型技术进步理论的存在。其中包括美国哈佛大学经济学教授、前美国经济学会（American Economic Association，AEA）会长、美国经济发展研究局（National Bureau of Economic Research，NBER）经济发展研究中心前主任克劳迪亚·格尔丁（Claudia Goldin）等人。克劳迪亚·格尔丁曾多次撰文论证技能偏向型技术进步理论在美国的存在。来自其他国家的研究者则论证了技能偏向型技术进步理论在其他国家乃至全世界是一个普遍现象。

表2-9对发达国家的相关实证研究进行综述。通过该表可以发现，不同研究者运用不同的数据来源和不同的技能测量方法，描述了技能升级现象在发达国家的普遍存在。还有一些研究者将研究视角扩展到发展中国家，如Eli Berman 和 Machin Stephen（2000）[1]、Nina Pavcnik（2003）[2] 等。

---

[1] BERMAN E，STEPHEN M. Skill-biased technology transfer: evidence of factor biased technological change in developing countries [EB/OL]. [2022-08-01]. https://econweb.ucsd.edu/~elib/glob.pdf.

[2] PAVCNIK N. What explains skill upgrading in less developed countries？[J]. Journal of development economics，2003，71（2）：311-328.

在描述性分析的基础上，一些研究者运用计量模型试图检验技能升级的原因。这些原因可能包括技能偏向型技术进步、国际贸易外包、劳动力市场制度变化等。结果，大部分研究都验证了技能偏向型技术进步是技能升级的主要原因。表2-10对这些研究进行了综述。

表2-9 发达国家劳动力市场技能升级的描述性分析

| 研究者 | 分析对象 | 分析年份 | 数据来源 | 技能的测量方法 | 技能升级的测量方法 |
| --- | --- | --- | --- | --- | --- |
| H. Autor David 等（1998）[1] | 美国 | 1940—1996年 | 人口普查 | 受教育程度 | 受过高等教育的劳动力占比、工资占比 |
| Eli Berman 等（2000）[2] | 12个发达国家 | 20世纪70年代至90年代 | 联合国工业统计数据库 I | 职业类型 | 非生产性工人的人数占比、工资占比 |
| Claudia Goldin 等（2009）[3] | 美国 | 1890—2005年 | 人口普查 | 受教育程度、职业类型 | 技能溢价 |
| Michael Handel（2012）[4] | OECD 25个成员国 | 1950—2020年 II | 各国统计数据、国际劳工组织数据库、欧盟统计局数据库 III | 职业类型 | 不同职业类型从业者占比变化 |

---

[1] DAVID H A, KATZ L F, KRUEGER A B. Computing inequality: have computers changed the labor market? [J]. The quarterly journal of economics, 1998, 113（4）：1169-1213.

[2] BERMAN E, MACHIN S. Skill-biased technology transfer around the world [J]. Oxford review of economic policy, 2000, 16（3）：12-22.

[3] GOLDIN C, KATZ L F. The race between education and technology [M]. Cambridge: Harvard University Press, 2009.

[4] HANDEL M. Trends in job skill demands in oecd countries [EB/OL]. [2022-08-01]. https://www.oecd-ilibrary.org/social-issues-migration-health/trends-in-job-skill-demands-in-oecd-countries_5k8zk8pcq6td-en.

续表

| 研究者 | 分析对象 | 分析年份 | 数据来源 | 技能的测量方法 | 技能升级的测量方法 |
|---|---|---|---|---|---|
| Michael Handel（2012） | 欧盟国家 | 1990—2005年 | 欧洲工作状况调查Ⅳ | 工作内容分析 | 工作内容变化 |
| | OECD成员国及欧盟的34个国家 | 1997—2009年 | 各国职业结构序列数据 | O*NET数据库 | 技能分数的历时性变化 |

注：Ⅰ 联合国工业统计数据库即 United Nations General Industrial Statistics Database。Ⅱ 未来的职业结构数据来自欧洲职业培训发展中心（European Center for the Development of Vocational Training）的相关职业预测。Ⅲ 国际劳工组织数据库即 LABORSTA database，欧盟统计局数据库即 Eurostat。Ⅳ 欧洲工作状况调查即 European Working Conditions Survey。

表2-10 验证技能偏向型技术进步是技能升级的主要原因的研究

| 研究者 | 分析对象 | 分析年份 | 分析层面 | 技能的测量方法 | 技术进步的测量方法 | 否定的其他原因 |
|---|---|---|---|---|---|---|
| Eli Berman等（1994）[1] | 美国制造业 | 1973—1987年 | 行业 | 非生产性工人的人数占比、工资占比 | 计算机投入、研发经费 | 国际贸易、国防开支 |
| Stephen Machin等（1998）[2] | OECD 7个成员国 | 1973—1989年 | 行业 | 非生产性工人的人数占比、工资占比、受过高等教育的劳动力占比 | 研发密度 | 国际贸易 |

[1] BERMAN E, BOUND J, GRILICHES Z. Changes in the demand for skilled labor within US manufacturing industries: evidence from the annual survey of manufacturing [J]. The quarterly journal of economics, 1994, 109（2）: 367-397.

[2] MACHIN S, VAN R J. Technology and changes in skill structure: evidence from seven OECD countries [J]. Quarterly journal of economics, 1998, 113（4）: 1215-1244.

续表

| 研究者 | 分析对象 | 分析年份 | 分析层面 | 技能的测量方法 | 技术进步的测量方法 | 否定的其他原因 |
|---|---|---|---|---|---|---|
| Stephen Machin（2001）① | 美国 | 1984—1997年 | 行业 | 受过高等教育的劳动力工资占比 | 计算机使用 | 国际贸易 |
| Alexandra Spitz（2004）② | 德国 | 1979—1999年 | 职业 | 工作任务分析 | 计算机使用 | — |
| John Abowd 等（2007）③ | 美国 | 1992—1997年 | 企业 | 工作经验 | 资本密度、计算机投入、计算机软件开支密度 | — |

## 二、国外关于技能极化的研究

技能偏向型技术进步导致劳动力市场出现技能升级，这一观点曾经得到许多研究者的论证和支持。然而，随着研究的进一步深入，一些细心的研究者发现技能需求的变化趋势并不完全与技能偏向型技术进步理论的预期一致。诚然，劳动力市场对高技能劳动者的需求在不断增加。然而，劳动力市场对低技能劳动者的需求也在增加，低技能劳动者并非像技能偏向型技术进步理论所预期的那样将遭遇技术进步的全面替代。相反，技术进步替代的主要是中等技能劳动者。其后果是，劳动力市场对中等技能劳动者的需求减少，对处于技能分布两端的高技能劳动者和低技能劳动者的需求都在增加，从而出现技能极化。因为劳动力市场中高技能劳动者对应着高收入者，中等技能劳

---

① MACHIN S. The changing nature of labour demand in the new economy and skill-biased technology change [J]. Oxford bulletin of economics and statistics, 2001, 63（s1）: 753-776.
② SPITZ A. Are skill requirements in the workplace rising? Stylized facts and evidence on skill-biased technological change [Z]. ZEW Discussion Paper No. 04-33, 2004.
③ ABOWD J, HALTIWANGER J, LANE J, et al. Technology and the demand for skill: an analysis of within and between firm differences[EB/OL]. [2022-08-01].https://www.nber.org/papers/w13043.

动者对应着中等收入者，低技能劳动者对应着低收入者，因而中等收入者的规模将随之减小，收入差距将进一步加大。

表 2-11 对发达国家关于劳动力市场技能极化的描述性研究进行了综述。通过将它与表 2-9 进行对比可以发现：第一，技能升级的研究者将研究的起始年份定得更早；技能极化的研究者将研究的起始年份定得更晚，一般为 20 世纪 70 年代到 80 年代。第二，技能升级的研究者多采用受教育程度（是否接受过高等教育）、非生产性工人与生产性工人等作为技能的测度指标，而技能极化的研究者多采用职业类型、工资水平等作为技能的测度指标。前者将技能水平进行简单的二维划分，导致忽略掉了许多细节；后者运用更为详细的技能指标，能够更为细致地描绘出不同技能水平劳动者的需求变化。

对于劳动力市场出现技能极化的原因，不同研究者给出了不同的解释。最为重要的一种解释是 David Autor 等提出的 ALM 假说[1]（也有人称为"程序性假说"）。该假说认为，随着计算机技术的不断升级换代，以及计算机价格的持续下降，企业有激励采用计算机技术来替代人力。而计算机技术并不是万能的，它并不能替代一切人力投入。可以被计算机技术替代的是程序性的认知技能和程序性的身体技能，不能被计算机技术替代的是非程序性的非认知技能、非程序性的认知技能和非程序性的身体技能。非程序性的非认知技能和非程序性的认知技能主要由高技能劳动者掌握（如管理者和律师），非程序性的身体技能主要由低技能劳动者掌握（如家政服务人员）。因而，计算机技术的发展使得劳动力市场对高、低两种技能劳动者的需求增加，对中等技能劳动者的需求减少。

一些研究者在 David Autor 等的基础上提出了更进一步的解释。例如，Alan Manning（2004）[2]认为，低技能劳动力的就业前景确实不会像技能偏向型技术进步理论所预言的那样惨淡，但是也不会一味乐观地增长。相反，对低技能劳动力的需求主要集中在低端服务业。而且，这种低端服务业一般具

---

[1] 以 3 位作者的姓氏首字母命名，即 David Autor、Frank Levy 和 Richard Murnane。
[2] MANNING A. We can work it out: the impact of technological change on the demand for low-skill workers [J]. Scottish journal of political economy, 2004, 51（5）: 581-608.

备两个特征：其一是非贸易性（non-tradability）[①]；其二是与高技能劳动者聚集区毗邻。因为只有具备非贸易性的产品或服务，才不会随着国际贸易的加剧而外包给劳动力成本更低的国家或地区；产品或服务的非贸易性决定了产品的生产者或服务的提供者必须与消费者在同一个地点，甚至当面交易，高技能劳动者作为高收入群体的主要来源，是低技能劳动者服务的主要群体。David Autor 和 David Dorn（2013）也指出，低技能服务业的增长是美国劳动力市场技能极化的重要原因。

表 2-11 发达国家劳动力市场技能极化的描述性分析

| 研究者 | 分析对象 | 分析年份 | 数据来源 | 技能的测量方法 | 技能极化的测量方法 |
| --- | --- | --- | --- | --- | --- |
| Duncan Gallie（1991）[②] | 英国 | 1986 年 | 社会变迁和经济生活动力调查[a] | 职业类型、教育年限、培训时长、过去5年间工作内容的变化等 | 不同职业的劳动力占比、不同职业的技能需求变化 |
| David Autor 等（2006）[③] | 美国 | 1973—2004 年 | 即时人口调查 | 职业类型 | 不同职业的劳动力占比 |
| Maarten Goos 等（2007）[④] | 英国 | 1975—1999 年 | 新劳动收入调查[b]、劳动力调查 | 职业的中位数工资 | 不同职业的劳动力占比 |

---

[①] 可贸易性是指一件商品或服务可以拿到它生产地以外的地方进行买卖的属性。从国际贸易的角度来看，可贸易性是指一件商品或服务可以拿到国际市场进行买卖。不同商品或服务的可贸易性不同。一般而言，保存期限越长运输成本越低，可贸易性越强。例如，各种服装是可贸易性产品，而理发、按摩是非贸易性服务。

[②] GALLIE D. Patterns of skill change: upskilling, deskilling or the polarization of skills？[J]. Work, employment & society, 1991, 5（3）：319-351.

[③] AUTOR D, LAWRENCE K, MELISSA K. The polarization of the U.S. labor market [J]. American economic review, 2006, 96（2）：189-194.

[④] GOOS M, MANNING A. Lousy and lovely jobs: the rising polarization of work in Britain [J]. The review of economics and statistics, 2007, 89（1）：118-133.

续表

| 研究者 | 分析对象 | 分析年份 | 数据来源 | 技能的测量方法 | 技能极化的测量方法 |
|---|---|---|---|---|---|
| Maarten Goos 等（2009）① | 欧洲16个国家 | 1993—2006年 | 欧盟劳动力调查 | 职业类型 | 不同职业的劳动力占比 |
| Daniel Oesch 等（2010）② | 英国、德国、西班牙、瑞典 | 1990—2008年 | 上述四国劳动力调查和人口普查 | 职业类型 | 不同职业的劳动力占比 |
| David Autor 等（2013）③ | 美国 | 1980—2005年 | 人口普查微观共享整合数据库、美国社区调查 c | 职业的工资对数平均数 | 不同职业、不同技能水平的劳动力占比 |

注：a. 社会变迁和经济生活动力调查，即 Social Change and Economic Life Initiative。b. 新劳动收入调查，即 New Earnings Survey。c. 人口普查微观共享整合数据库，即 Census IPUMS；美国社区调查，即 American Community Survey。

## 三、国内关于技能升级和技能极化的研究

### （一）国内关于劳动力市场技能升级的研究

一些研究者运用中国数据，检验技能升级现象是否在中国劳动力市场存在。李元春④基于《中国科技统计年鉴》和《中国工业经济统计年鉴》的相关数据，分析大中型工业企业的雇用和工资结构变化。研究表明，20世纪90年代以来，大中型工业企业的高技能工人雇用份额迅速增加，同时高技能工人的工资份额也在迅速增加。这说明大中型工业企业存在技能升级的现象。该

---

① GOOS M, MANNING A, SALOMONS A. Job polarization in Europe [J]. The American economic review, 2009, 99（2）: 58-63.

② OESCH D, MENES J R. Upgrading or polarization? Occupational change in Britain, Germany, Spain and Switzerland, 1990–2008 [J]. Socio-economic review, 2010, 29（1）: 1-29.

③ AUTOR D, Dorn D. The growth of low skill service jobs and the polarization of the U.S. labor market [J]. The American economic review, 2013, 103（5）: 1553-1597.

④ 李元春. 技术的进步与技能结构的转换：来自中国大中型工业企业的证据 [J]. 西安电子科技大学学报（社会科学版），2004（12）: 53-57.

研究进一步利用回归模型，验证得出技术深化是技能升级的主要原因。

姚先国等[1]使用浙江省制造业企业样本数据，使用人均占有机器价值、是否拥有专利和进口机器占机器总价值的比例等指标衡量技术进步，使用高技能工人的雇用份额、高技能工人的工资份额等指标衡量技能需求，研究表明技术进步在一定程度上呈现出技能偏态性的特点，导致企业对高技能劳动力需求增加，高技能劳动力的就业比重和收入比重都在增加。

盛欣和胡鞍钢[2]基于中国29个省2003—2007年的面板数据，分析技术进步对就业人力资本结构的影响。该研究发现，无论是自主创新还是引进技术，都偏向于吸纳更多的高人力资本劳动力。

董直庆和王林辉[3]用中国健康和营养调查数据（China Health and Nutrition Survey，CHNS）中不同受教育程度的劳动者工资报酬来反映技能溢价，发现我国经济高增长过程中技能型和非技能型劳动者工资明显出现分化趋势，即技能溢价在上升。该研究进一步通过回归模型，验证了技能溢价源于技术进步的技能偏向性。

王林辉、袁礼[4]研究表明，无论是用大学及以上学历，还是用专业技术人员来衡量高技能劳动力，我国目前劳动力结构中高技能劳动力的存量明显不足。技能偏向型技术进步导致对高技能劳动力的需求增加，但我国的技能劳动供给并未满足经济需求，劳动力结构还有待优化。

以上研究探讨了我国劳动力市场对不同水平技能的需求问题。其不足在于，没有充分讨论我国的现实国情。国外关于技术进步对劳动力市场技能需求的影响研究起源于发达国家高技能劳动力供给不断增加，但技能溢价仍然不断上升的现实问题。对技能溢价不断上升（收入不平等加剧）这一现实问

---

[1] 姚先国，周礼，来君. 技术进步、技能需求与就业结构：基于制造业微观数据的技能偏态假说检验[J]. 中国人口科学，2005（5）：47-53.

[2] 盛欣，胡鞍钢. 技术进步对中国就业人力资本结构影响的实证分析：基于29个省的面板数据研究[J]. 科学学与科学技术管理，2011（6）：172-179.

[3] 董直庆，王林辉. 劳动力市场需求分化和技能溢价源于技术进步吗？[J]. 经济学家，2011（8）：75-82.

[4] 王林辉，袁礼. 技术进步技能偏向视角下的中国劳动力合意结构度量[J]. 求是学刊，2013（5）：51-58.

题的追问，使得许多研究者分析其产生的原因。可能的原因包括技术进步、国际贸易、劳动力市场制度等。经过许多的实证研究，学者们越来越认可技能偏向型技术进步是劳动力市场技能升级的主因。这一结论在欧美等许多发达国家都被验证，但并不表示在我国同样成立。我国近些年来受过高等教育的劳动者越来越多，但大学毕业生就业难问题也越来越突出，同时随着"刘易斯转折点"的到来，农村剩余劳动力不再无限供给，"用工荒"现象逐渐蔓延全国，"农民工"工资出现上升趋势。劳动力市场甚至出现"大学生工资不如农民工"的传言[①]。这些现象似乎表明，我国并不像美国20世纪后半叶所经历的那样，出现技能溢价的上升。而且，我国技术进步的发展水平、经济发展所处的阶段、产业结构、所有制结构等诸多方面与发达国家存在差异，在研究我国劳动力市场技能需求时不能忽视这些现实国情。

### （二）国内关于劳动力市场技能极化的研究

国内学者关于劳动力市场技能极化的研究更少。杨伟国和李春燕[②]从工作极化现象是否存在、如何测量及其成因等3个方面对国外文献进行了综述。该研究认为，工作极化现象对劳动者就业和工资收入产生很大的影响，导致劳动力市场政策面临重大挑战。我国需要前瞻性地把握就业市场规律，预防工作极化所带来的巨大波动，以促进劳动者收入增长与职业发展。

吕世斌[③]研究表明，制造业及信息传输、计算机服务和软件业等服务性行业出现了技能极化现象——大专及以上学历和小学及以下学历的就业人口比重增加，而中等受教育水平的就业人口比重下降。从制造业来看，高技术行业和低技术行业的就业比重增加，而中高技术行业和中低技术行业的就业比重下降，这说明制造业内部不同行业之间也出现技能极化现象。此外，除了就业规模，制造业工人的工资也呈现出极化现象——低工资行业和高工资行业的工资增长速度均高于中等工资行业。该研究基于实证分析，说明我国劳

---

① 黄碧梅. 大学生工资不如农民工，正常吗？ [N]. 人民日报，2011-12-20.
② 杨伟国，李春燕. 工作极化的测量与成因 [J]. 新视野，2013（1）：109-112.
③ 吕世斌. 贸易全球化和技术进步对就业和工资不平等的影响 [D]. 长春：吉林大学商学院，2013.

动力市场也存在技能极化现象。但是，对于技能极化现象的成因，该研究只做出一定的理论性探讨，并未进行实证性的验证。

杨飞[1]研究了技能偏向型技术进步对劳动力市场技能极化的影响。但是，该研究的对象并非我国劳动力市场，而是欧美国家。该研究使用的数据为欧美国家1970—2007年的劳动力市场相关数据。

可见，国内关于劳动力市场技能极化的研究还处在起步阶段。有必要借鉴国外研究的方法，基于翔实的描述性分析，验证我国劳动力市场是否存在技能极化现象。

### （三）国内关于劳动力需求变动的研究

一些研究虽然没有直接探讨劳动力市场技能升级或技能极化的问题，但是它们分析了劳动力需求变动的行业、职业、受教育程度等，能够为劳动力市场技能升级或技能极化研究提供借鉴。

赖德胜[2]基于中国劳动力市场网和《中国统计年鉴》数据，分析劳动力市场需求的结构特征。该研究表明，劳动力需求在产业间的变化趋势是从第一产业、第三产业转移到第二产业。因为第三产业的新增劳动力需求主要集中在新兴行业，这些行业大多需要较高的人力资本，从第一产业转移出来的剩余劳动力无法满足这些行业的需求。而第二产业的劳动力需求一直比较旺盛，是吸纳就业的主要阵地。未来一段时间内，扩大就业仍然要靠大力发展第二产业和第三产业。

罗传银[3]基于浙江省劳动力市场信息网数据，分析浙江省劳动力的供求状况。该研究表明，2004年以来，按受教育程度分类，浙江省的用人需求从初中以下、高中受教育程度向大中专以上受教育程度转变，即从低成本的劳动力向高素质的劳动力转型；按技术等级分类，用人需求从中、高级技能人才短缺向技工、普工双短缺转变；按职业类型分类，用人需求从生产运输设备

---

[1] 杨飞. 技能偏向性技术进步与劳动力市场极化[D]. 天津：南开大学经济学院，2013.
[2] 赖德胜. 2012中国劳动力市场报告：高等教育扩展背景下的劳动力市场变革[M]. 北京：北京师范大学出版社，2012：23-24.
[3] 罗传银. 劳动力市场供求结构特征分析[J]. 中国劳动，2012（3）：17-21.

操作工向商业和服务业人员转变；按行业分类，用人需求从制造业向住宿餐饮、批发零售等服务业扩展；按产业分类，用人需求从第二产业向第三产业转变。

顾国爱[1]基于人力资源市场信息监测中心的数据，分析劳动力需求的结构特征。该研究表明，第三产业是劳动力市场岗位需求最多的产业，其次是第二产业。但是，第三产业的劳动力需求受经济波动影响最为明显，而第二产业的劳动力需求较为稳定。分行业来看，制造业、初等服务业仍是劳动力需求的主要行业。

张雄等[2]基于人力资源市场信息监测中心的数据，分析劳动力需求的结构特征。该研究表明，制造业、初等服务业仍然是劳动力需求的主要行业；生产运输设备操作工、商业和服务人员成为需求量最大的职业类别；对劳动力的教育程度需求仍是以低学历为主；中低级技术等级人员仍然在技术劳动力需求中占较大比重。

将上述4篇文献进行对比可以发现，除罗传银的研究以外，其他3篇文献的研究对象都是全国劳动力市场。这3篇文献研究结果的相同之处在于，都认为制造业、初等服务业等传统行业仍是目前劳动力需求的主要部门。制造业和初等服务业（主要包括批发和零售业、住宿和餐饮业、居民服务和其他服务业等）是我国中、低技能劳动力就业的主要部门[3]。这3篇文献的研究结果似乎表明，目前我国劳动力市场的需求主要为中、低技能劳动力。本书将继续对这一问题进行回答，并与已有研究结果进行对比。

## 第三节 劳动力市场对不同类型技能的需求

除了对不同水平技能的需求进行研究以外，还有研究关注不同类型技能

---

[1] 顾国爱. 我国劳动力需求变动的产业与行业特征 [J]. 中国人力资源开发，2012（9）：93-96.

[2] 张雄，田大洲，田忠，等. 我国劳动力市场需求特征分析 [J]. 云南财经大学学报，2013（5）：91-98.

[3] 数据来源于《中国劳动统计年鉴2012》。

的需求。已有研究主要通过3种方法研究劳动力市场对不同类型技能的需求。第一，基于职业结构的变动，结合不同职业所需的技能类型数据库，间接地反映劳动力市场对不同类型技能的需求；第二，通过开展企业技能需求调查，直接得出用人单位对不同类型技能的需求；第三，基于微观个体数据，验证不同类型技能对个体劳动力市场的影响。

## 一、基于职业结构变动的研究

职业类型既可以反映一定的技能水平，也可以反映技能的类型。不同职业对从业者所掌握的技能类型要求不一样。基于社会职业结构的变迁，同时结合职业分类大典数据库中关于不同职业所需技能类型的描述，就可以得出整个社会劳动力技能的需求变动。在这类研究中，美国职业信息网络数据集（O*NET）以其成熟稳定的特性，被许多研究者利用。本书第二章第一节对美国 O*NET 数据集进行了简要介绍，此处不再赘述，重点介绍基于该数据集的实证研究。

David Autor 等首创性地将技能按照程序分为五类，并分析了美国劳动力市场对这五类技能的需求变化。该研究得出，美国劳动力市场对非程序性的非认知技能、非程序性的认知技能和非程序性的身体技能需求增加，对程序性的认知技能和程序性的身体技能需求减少。Daron Acemoglu 和 David Autor（2011）[1]对这一分类方法做了进一步更新，使之更加成熟，得出了与上文接近的研究结论。

Alexandra Spitz（2004）运用该方法分析德国在 1979—1999 年技能需求的变化。结果表明，1979—1999 年，德国对非程序性的认知技能和非程序性的非认知技能需求增加，对程序性的认知技能和程序性的身体技能需求减少，对非程序性的身体技能的需求变化趋势不明显。

---

[1] ACEMOGLU D, AUTOR D. Skills, tasks and technologies: implications for employment and earnings [J]. Handbook of labor economics, 2011, 4: 1043-1171.

Cristian Aedo 等[①]收集了不同收入水平的 30 个国家的职业结构数据。对这些国家的技能需求进行横向比较发现，随着人均收入水平的提高，对身体技能的需求降低，对非程序性的认知技能和非程序性的非认知技能的需求增加。对同一个国家的技能需求进行历时比较发现，随着时间的推移，对非程序性技能的需求增加，对程序性技能的需求变化在不同国家趋势不一致。

基于职业结构的变动，来间接地分析劳动力市场对不同类型技能的需求。这种方法的优点在于，它可以宏观地反映整个社会的技能需求，并与其他国家进行对比。其缺点在于，目前只有少数国家建立了职业技能数据库，已有研究大多借助美国职业信息网络数据集来分析不同国家的技能需求变化。由于不同国家的经济发展水平存在差距，同一职业在不同国家的工作内容、技能要求可能不一样。在将美国的职业技能标准"嫁接"到其他国家的职业结构上时，可能出现偏误。

另外，以上 4 份文献都采用 David Autor 对技能类型的划分方法来研究不同国家对非程序性的认知技能、非程序性的非认知技能、程序性的认知技能、程序性的身体机能、非程序性的身体技能这 5 种类型技能的需求变化。其实，未来的研究可以结合自身的具体问题，通过对技能类型的不同划分方法，来研究对技能类型的需求。

## 二、基于雇主技能需求调查的研究

职业结构的变动只能间接地反映技能需求。一种直接研究技能需求的方法是进行雇主技能需求调查。例如，英国的雇主技能需求调查（Employers Skill Survey）从 1999 年起就每年或每隔一年对全国范围内数万家企业进行，一直延续至今。2013 年，欧洲职业培训发展中心开始试点对欧盟国家进行统一的雇主技能需求调查。

国内比较有影响力的雇主技能需求调查当属麦可思咨询有限公司（简称"麦可思公司"）和零点调查公司合作开展的中国企事业单位对大学毕业生

---

[①] AEDO C, HENTSCHEL J, LUQUE J, et al. From occupations to embedded skills: a cross-country comparison [R]. Washington DC: World Bank, 2013.

工作能力的需求调查。该调查于2010年在全国按地区、按行业、按性质等抽样3972家企事业单位，调查企事业单位对大学毕业生的能力需求。它将大学毕业生的基本工作能力分为三十五项共五大类，分别是管理能力、理解与交流能力、科学思维能力、应用分析能力和动手能力。调查结果表明，理解与交流能力是所有行业均最为重视的能力，也是各职位最看重的能力。该研究还分析了不同类型的职位对技能的需求。

王霆调查了交通行业对职业技术学校毕业生的能力需求。该调查分别对职业技术学校和交通行业用人单位发放问卷，并对二者的调查结果进行对比。样本包括63所职业技术学校和39家用人单位。调查结果表明，业务操作能力、学习能力、语言表达能力、解决问题能力和执行能力是职业技术学校学生最为重要的就业能力。尤其是，业务操作能力普遍认为是最重要的一项就业技能，得分远远高于其他各项。这体现了交通行业对职业技术学校毕业生能力需求的特殊性。[①]

葛晶编制了"大学毕业生就业能力调查问卷——企业版"，对上海地区部分企业的99名人力资源专员、管理者及普通职员进行问卷调查。该调查让被试者就自我管理能力、团队合作能力、沟通能力、问题解决能力、计划组织能力等五类能力进行重要性排序。调查结果表明，企业对大学生的沟通能力最为看重，其次认为团队合作能力和问题解决能力也非常重要，而对自我管理能力和计划组织能力的需求则相对较弱。该研究结果与麦可思公司和零点调查公司的调查结果较为一致。[②]

邵丹以127家企业为样本，调查企业对高职类院校毕业生就业能力的需求状况。研究结果表明，特质维度和通用技能两个维度的就业能力素质在企业对人才需求中的重要程度比较高，知识能力维度、自我认知与价值观维度、差异性能力维度则排在后面。[③]

---

① 王霆. 我国职业技术学校学生就业能力技能要素研究：在交通行业的调查研究[J]. 教育与经济，2007（4）：1-6.
② 葛晶. 大学毕业生就业能力与企业需求之比较分析[D]. 上海：华东师范大学公共管理学院，2009.
③ 邵丹. 企业需求视角下的高职类毕业生就业能力研究[D]. 长沙：中南大学商学院，2013.

方慧以广州市 66 家用人单位为样本，调查劳动力市场对高职人才能力的需求和满意情况。结果表明，各项能力的得分从高到低依次为：就业能力、实践能力、通用能力、认知能力、理论知识和创新能力。高职毕业生现阶段的就业能力、实践能力和认知能力与用人单位的需求之间存在明显差距。[①]

卢鹏鹏以北京市 106 家企事业单位为样本，调查劳动力市场对大学毕业生能力的需求。该研究将大学生就业能力分为智商、情商和个人特质 3 个方面。研究结果表明，个人特质在 3 个因素中最为重要，其既是企业最为重视的，也是企业满意度最低的。尤其是个人特质中的诚信和责任感，企业最为看重。[②]

可见，近年来，研究者开始重视从企业的视角研究劳动力市场的技能需求。但是，已有研究主要关注用人单位对大学生和职业技术学院毕业生这两类群体的技能需求，鲜有研究将研究对象扩大到各种类型的劳动者。大部分研究由于条件限制，仅以某一个城市为个案，以少量企事业单位为样本。只有麦可思公司和零点调查公司的研究范围覆盖到全国各地区的数千家企事业单位，但是由于该调查是商业行为，研究结果的对外开放性不够。

### 三、基于微观数据的验证：技能对个体的劳动力市场回报

劳动力市场对技能的需求表现在微观个体身上，会体现为技能的劳动力市场回报。例如，技能给个体带来工资收益，技能增加个体的雇用机会，技能增加个体受雇于更好职业的机会等。已有研究主要关注认知技能和非认知技能的经济社会影响。由于本书的主题所限，本书只综述关于技能的劳动力市场回报的研究，而不综述关于技能的非劳动力市场回报的研究（如技能对个体婚姻状态、犯罪等的影响）。

在综述时，本书按照研究主题将已有研究分为三类：第一类是仅关注认知技能的研究；第二类是仅关注非认知技能的研究；第三类是同时关注认知

---

[①] 方慧. 雇主视角下高职人才能力需求研究：基于广州市的调查研究 [J]. 湖北广播电视大学学报，2013（2）：19-20.

[②] 卢鹏鹏. 基于企业需求视角的高校毕业生就业能力研究 [D]. 大连：东北财经大学公共管理学院，2011.

技能和非认知技能的研究（在同一篇文献中，研究者既关注认知技能的影响，也关注非认知技能的影响）。

## （一）单独研究认知技能的劳动力市场回报

以往关于人力资本回报的研究将"受教育年限"作为人力资本的代理变量，考察受教育程度对劳动力市场结果的影响。例如，明瑟收入方程考察"受教育年限"对工资的影响。随着研究的深入及认知技能测试数据的可得，一些研究者开始关注认知技能的劳动力市场回报。如表2-12所示，已有研究关注认知技能对个体的雇用机会、收入、职业类型、职业成就等的影响。为了克服横截面数据中技能与劳动力市场结果"互为因果"的干扰，已有研究常利用追踪数据进行研究。在控制了受教育年限、工作经验及其他个体特征以后，大部分研究都发现认知技能对劳动力市场结果有显著的正向影响。在模型中加入认知技能变量后，模型的整体解释力度增强。

表2-12 认知技能的劳动力市场回报（研究举例）

| 研究者 | 数据类型 | 研究问题 |
| --- | --- | --- |
| Richard Murnane 等[①] | 追踪数据 | 认知技能的工资回报是否历时增加；认知技能的工资回报是否随个体职业生涯的推进而增长 |
| George Farkas 等[②] | 追踪数据 | 认知技能对个体获得需要高认知技能的工作的影响；认知技能对个体收入的影响；认知技能对收入差异的影响 |

---

① MURNANE R, JOHN B W, FRANK L. The growing importance of cognitive skills in wage determination[J]. The review of economics and statistics, 1995, 77（2）: 251-266.
② FARKAS G, ENGLAND P, VICKNAIR K. Cognitive skill, skill demands of jobs, and earnings among young European American, African American, and Mexican American workers[J]. Social forces, 1997, 75（3）: 913-938.

续表

| 研究者 | 数据类型 | 研究问题 |
|---|---|---|
| Richard Murnane 等① | 追踪数据 | 认知技能对个体收入的影响；<br>认知技能的工资回报是否与个体的受教育水平有关 |
| Ms de Baldini Rocha 等② | 追踪数据 | 读写能力③对个体收入的影响；<br>读写能力对个体雇用机会的影响；<br>读写能力对个体受雇于正式部门的机会的影响 |

## （二）单独研究非认知技能的劳动力市场回报

当研究者们都将目光锁定在认知技能时，Samuel Bowles 和 Herbert Gintis 在1976年就指出非认知技能的生产性作用④。但是，直到最近10多年，关于非认知技能影响的实证研究才逐渐兴起。表2-13列举了几项关于非认知技能的劳动力市场回报的研究。可以发现，已有研究关注非认知技能对个体的雇用机会、收入、职业类型、职业成就等的影响。

表2-13 非认知技能的劳动力市场回报（研究举例）

| 研究者 | 数据类型 | 研究问题 |
|---|---|---|
| Christy Lleras⑤ | 追踪数据 | 非认知技能对个体收入的影响 |

---

① MURNANE R, WILLETT J B, DUHALDEBORDE Y, et al. How important are the cognitive skills of teenagers in predicting subsequent earnings？[J]. Journal of policy analysis and management, 2000, 19（4）: 547-568.
② ROCHA MS D B, PONCZEK V. The effects of adult literacy on earnings and employment [J]. Economics of education review, 2011, 30（4）: 755-764.
③ 大部分研究关注的是认知技能水平高低对个体劳动力市场结果的影响，而该研究关注的是读写能力对个体劳动力市场的影响。该研究的对象是巴西劳动力市场。
④ BOWLES S, GINTIS H. Schooling in capitalist America [M]. New York: Basic Books, 1976.
⑤ LLERAS C. Do skills and behaviors in high school matter？The contribution of noncognitive factors in explaining differences in educational attainment and earnings [J]. Social science research, 2008, 37（3）: 888-902.

续表

| 研究者 | 数据类型 | 研究问题 |
|---|---|---|
| Deborah Cobb-Clark 等① | 追踪数据 | 非认知技能对个体职业类型的影响；<br>非认知技能对男女工资差异的影响 |
| Greg J. Duncan 等② | 追踪数据 | 早期的非认知技能对个体20年后收入的影响 |
| James Heckman 等③ | 追踪数据 | 非认知技能对个体雇佣机会的影响；<br>非认知技能对个体收入的影响 |

## （三）同时研究认知技能和非认知技能的劳动力市场回报

一些研究在模型中同时加入认知技能和非认知技能变量，考察二者各自的影响（表2-14）。相对于前两种研究，这种方法能够在模型中控制更多的因素，但它对数据的要求也更为严格。

表2-14 认知技能和非认知技能的劳动力市场回报（研究举例）④⑤

| 研究者 | 数据类型 | 研究问题 |
|---|---|---|
| Richard Murnane 等④ | 追踪数据 | 技能对个体收入的影响；<br>技能对组群间收入差异的影响 |
| James Heckman 等⑤ | 追踪数据 | 技能对个体的就业状态、收入、职业经历、职业选择的影响 |

---

① COBB-CLARK D, TAN M. Noncognitive skills, occupational attainment, and relative wages [J]. Labour economics, 2011, 18（1）: 1-13.
② DUNCAN G J, DUNIFON R. "Soft-Skills" and long-run labor market success [J]. Research in labor economics, 2012, 35: 313-339.
③ HECKMAN J, KAUTZ T. Hard evidence on soft skills [J]. Labour economics, 2012, 19（4）: 451-464.
④ MURNANE R, WILLETT J B, BRAATZ M J, et al. Do different dimensions of male high school students' skills predict labor market success a decade later? Evidence from the NLSY [J]. Economics of education review, 2001, 20（4）: 311-320.
⑤ HECKMAN J, STIXRUD J, URZUA S. The effects of cognitive and noncognitive abilities on labor market outcomes and social behavior [J]. Journal of labor economics, 2006, 24（3）: 411-482.

续表

| 研究者 | 数据类型 | 研究问题 |
| --- | --- | --- |
| Guido Heineck 等[①] | 追踪数据 | 技能对个体收入的影响 |
| Erik Lindqvist 等[②] | 追踪数据 | 技能对个体雇用机会、收入的影响;<br>非认知技能的影响在不同职业之间的差异 |

以上三类研究都在关注认知技能和非认知技能的影响,还有一些研究基于对技能类型的其他划分方法,研究其他类型技能的劳动力市场回报。例如,Andy Dickerson 和 Francis Green[③] 研究一般技能在英国1997—2001年的劳动力市场回报。该研究列出了35项具体的技能,然后运用因素分析法将这35项技能归为十大类,最后研究这十大类技能的劳动力市场回报。结果表明,计算机技能和高水平的沟通技能给个体带来正向的工资收益。

## 第四节 教育与劳动力市场需求的匹配研究

在大学毕业生就业难、劳动力市场结构性失业严重的背景下,许多研究关注教育与劳动力市场需求之间的匹配。围绕这一主题的实证研究可以分为三类。

第一类研究教育结构与劳动力市场需求结构之间的匹配。这类研究一般将教育结构分为层次、类别、区域、学科(专业)等不同维度,研究劳动力市场对不同层次人才的需求与教育的层次结构之间的匹配性,劳动力市场对不同类别人才的需求与教育的类别结构之间的匹配性,劳动力市场对不同区

---

① HEINECK G, ANGER S. The returns to cognitive abilities and personality traits in Germany [J]. Labour economics, 2010, 17(3): 535-546.

② LINDQVIST E, VESTMAN R. The labor market returns to cognitive and noncognitive ability: evidence from the Swedish enlistment [J]. American economic journal: applied economics, 2011, 3(1): 101-128.

③ DICKERSON A, GREEN F. The growth and valuation of computing and other generic skills [J]. Oxford economic papers, 2004, 56(3): 371-406.

域的人才需求与教育的区域结构之间的匹配性,劳动力市场对不同学科(专业)人才的需求与教育的学科(专业)结构之间的匹配性,如程纯和陈欣[①]、傅征的研究[②]。

第二类研究只关注高等教育或职业技术学校的学科(专业)结构与劳动力市场人才需求之间的匹配。这类研究一般基于教育统计年鉴中分学科(专业)的毕业生数(或在校生数),以及劳动统计年鉴中分行业分受教育程度的就业人数等数据,分析二者之间的相关程度。或利用分学科(专业)的就业率、专业对口率等指标来分析各学科(专业)的招生规模适切性,如王贤[③]、张海水等的研究[④]。

第三类研究从微观角度关注毕业生的技能结构与用人单位的技能需求之间的匹配。这类研究的开始时间不长。首先对用人单位开展技能需求的调研,对毕业生开展技能掌握情况的调研,然后将用人单位对技能的需求水平与毕业生对技能的掌握水平进行对比,以分析技能的匹配情况,如肖鹏燕的研究[⑤]。

这些研究对于了解教育与劳动力市场需求之间的匹配问题提供了丰富的结论。但是,本研究认为,从学科(专业)层面研究教育与劳动力市场需求的匹配存在以下问题:第一,学生毕业后从事与专业不相关工作的情况越来越多。一部分学生毕业后之所以从事与专业不相关的工作,并不是因为找不到与专业对口的工作,而是因为他们主动放弃与专业对口的工作。第二,在将学科(专业)与劳动力市场需求进行匹配时,存在许多困难。二者并不是一一对应的关系,而是一对多、多对一的复杂关系。第三,用人单位在招聘时,

---

① 程纯,陈欣. 从就业结构的演变看高等教育结构的调整[J]. 辽宁教育研究,2006(7):6-9.
② 傅征. 高等教育结构与经济发展的协调性分析[J]. 武汉大学学报(哲学社会科学版),2008(3):188–193.
③ 王贤. 中等职业教育专业结构与产业就业结构的适应性问题探讨[J]. 现代教育管理,2009(9):93–96.
④ 张海水,崔海丽,胡瑞文. 从人才供求视角谈高等教育学科专业的结构调整[J]. 现代教育科学,2014(1):1–4.
⑤ 肖鹏燕. 我国高校人才培养和劳动力市场需求的非均衡研究[D]. 北京:首都经济贸易大学劳动经济学院,2011.

更看重应聘者是否具备岗位所需的技能,而非专业对口。因此,本研究从技能的角度研究教育与劳动力市场需求的匹配问题。

## 第五节 已有研究的不足之处

综合上述4个方面的文献回顾,本书认为已有研究存在以下不足。

第一,国外学者关于劳动力市场对不同水平技能需求的研究较为成熟,但是发达国家的国情与中国的国情存在较大差距。例如,国外研究的劳动力市场背景是劳动力从制造业转移到服务业,而我国近年劳动力流动的主要趋势是从农业转移到制造业。国外研究关注发达国家将低端制造业外包到发展中国家的国际贸易给技能需求带来的影响,而我国正是这些低端制造业的承接国。在借鉴国外研究的方法和思路时,必须考虑中国的特殊国情。国内已有关于技能升级或技能极化的研究缺乏对现状的描述性分析,直接用计量模型检验技能偏向型技术进步对技能需求的影响。本研究认为,在检验技能需求的影响因素之前,应该首先对技能需求的变化趋势做出充分细致的描述性分析。

第二,国内关于技能需求预判的研究较少。已有研究多从历史或现状的角度分析劳动力市场技能需求,而较少预测未来的技能需求。由于劳动力市场技能需求变化速度加快,过去或当前的技能需求都难以准确描绘未来的技能需求。技能需求预判能够为劳动力市场技能供需匹配提供更具参考价值的信息。

第三,国内关于劳动力市场对不同类型技能的需求研究较少。具体表现为,关于职业结构变动的研究没有进一步将职业与技能联系起来,进而分析技能的需求;基于雇主技能需求调查的研究多为高校硕士毕业论文,研究的资源条件有限;技能的劳动力市场回报研究受数据可得性限制,仍然少见。

第四,关于人工智能对劳动力市场技能需求影响的研究有待进一步丰富。人工智能作为新一轮科技革命和产业变革的核心驱动力,正在深刻改变人类社会生活,改变世界。人工智能对劳动力市场技能需求的影响,正在引起研究者的广泛关注。

## 第六节　本研究的研究设计

### 一、研究问题

本研究拟通过实证研究的方法回答如下问题。

第一，就技能的不同水平而言，我国劳动力市场技能需求存在何种变化趋势？国外研究表明，劳动力市场技能需求存在技能升级或技能极化现象。然而，由于我国目前所处的经济发展阶段、产业结构、科学技术水平、劳动力市场制度等诸多方面与其他国家存在差异，我国劳动力市场技能需求有何个性特征？劳动力市场上并存的"大学生就业难"与"招工难"现象，似乎表明我国劳动力市场对高技能劳动者的需求相对不足，对低技能劳动者的需求相对旺盛。本书基于翔实的数据和多角度的分析，试图回答这一问题。

第二，如何预判未来的劳动力市场技能需求？只有尽早地识别劳动力市场技能需求，才能为教育供给调整提供及时的信息。长期以来由于我国对劳动力市场技能需求研究不足，导致技能需求信息匮乏。这是我国技能供需不匹配的重要原因之一。因此，本研究拟对技能需求预判的方法进行综述，对发达国家和国际组织技能需求预判的实践进展进行综述，以分析其对我国技能需求预判的启示。

第三，就技能的不同类型而言，我国劳动力市场对不同类型技能需求的变化趋势是什么？在新一轮技术革命背景下，人工智能等信息技术对不同类型技能的替代程度不同。分析劳动力市场对不同类型技能需求的变化趋势，有助于揭示教育供给侧需要着重予以关注的技能类型。

第四，人工智能的发展对劳动力市场不同类型技能的影响是什么？人工智能作为新一轮科技革命和产业变革的核心驱动力，正在深刻改变人类社会生活。人工智能对劳动力市场产生冲击，引发人类关于"机器换人"的担忧。本研究以社会交往能力为例，分析人工智能的应用对社会交往能力劳动力市场价值的影响。

第五，劳动力市场技能需求对教育供给的启示有哪些？长期以来，一方面，我国劳动力市场技能需求信号不清晰，传递渠道不畅通，导致教育部门在技能培养过程中难以回应劳动力市场需求，劳动力的技能储备与用人单位的实际需求存在差距。另一方面，教育部门由于受体制的束缚，在层次结构、类型结构、培养内容和方法等方面，较少考虑劳动力市场的现实需求。技能供给和技能需求两方面存在的这些原因，导致技能供需的不匹配，最终造成结构性失业。本研究试图首先全面地分析劳动力市场的技能需求，然后以此为依据对教育供给侧改革提出建议。

## 二、研究内容

为了回答上述问题，本研究拟从如下方面着手（内容框架如图2-1所示）。

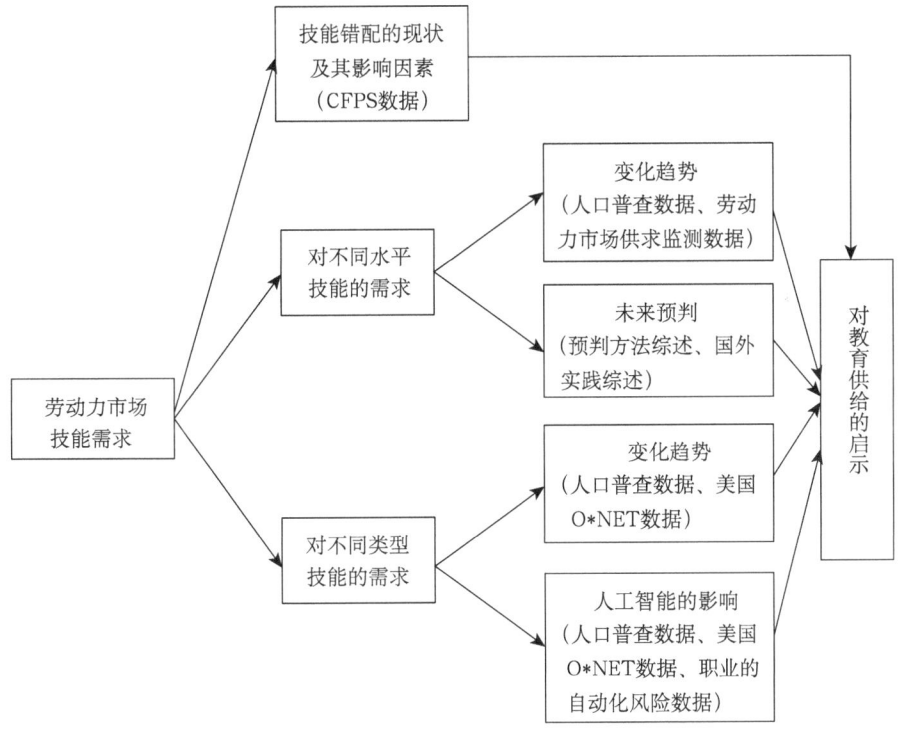

图2-1 研究内容框架

第一，劳动力市场对不同水平技能需求的变化趋势研究。本研究首先运用历次人口普查数据，分析就业人口的职业结构、受教育程度结构变动，并分析变动背后的原因，提炼出技能需求的变化趋势；然后运用劳动力市场供求监测数据，分析劳动力市场对不同技术水平或专业技术职称的劳动力需求。两种不同来源的数据信息相互补充、相互验证。

第二，劳动力市场技能需求预判研究。本研究将全面综述发达国家和国际组织技能需求预判的实践进展和主要困难，结合我国技能需求预判的现状与不足，提出改进和完善我国技能需求预判体系的对策建议。由于系统、全面的技能需求预测需要依赖庞大的研究团队和丰富的基础数据，本研究将着重介绍各种技能需求预判方法及其操作步骤，而不开展技能需求预测。

第三，劳动力市场对不同类型技能需求的变化趋势研究。本研究采用已有关于技能的分类，综合使用国内职业结构变动数据和美国职业信息网络数据集，分析我国劳动力市场对不同类型技能需求的变化趋势，并将这种趋势与国外相关研究结果进行对比，分析国内外劳动力市场对不同类型技能需求变化趋势的异同，为我国教育供给的应对提供启示。

第四，人工智能背景下社会交往能力的劳动力市场价值研究。社会交往能力作为雇主十分看重的能力之一，也是人工智能短时间内难以替代的能力。本研究将中国家庭追踪调查数据与职业自动化风险数据、美国职业信息网络数据相结合，研究社会交往能力对个体劳动力市场表现的影响。

第五，劳动力市场技能需求对教育供给侧改革的启示研究。本研究首先厘清劳动力市场技能需求与教育供给之间的关系，然后基于上述4个方面的研究成果，分析劳动力市场技能需求对教育供给侧改革的启示。

## 三、创新之处

本研究的创新之处包括以下内容。

第一，本研究从"技能"的视角研究劳动力市场需求，与已有研究从劳动力数量角度、劳动力的学科（专业）结构角度不同。单纯分析劳动力数量，忽略了劳动力的质量属性。从学科（专业）角度入手的研究，忽略了学科（专业）与岗位（行业）之间的匹配并不是一一对应的关系。从根本上说，劳动力市场供需之间的匹配是劳动者技能结构与岗位技能要求之间的匹配。技能是劳动者就业能力的集中体现，也是用人单位招聘和考核员工的重要指标。

国外无论是从政策层面，还是从研究层面，都兴起一股基于技能的新人力资本研究热潮。在政策层面，不少发达国家及国际组织纷纷制定技能发展战略；在研究层面，艾瑞克·汉纳谢克、詹姆斯·赫克曼等学者指出，基于技能的新人力资本研究是一个崭新的、富有前景的研究领域。本研究拟追踪国外前沿研究，并对国外研究做出全面、深刻的文献综述，在此基础上对国内劳动力市场的技能需求进行研究。

第二，本研究基于较为翔实的数据将劳动力市场对不同水平的技能需求进行了深入的描述性分析。通过描述性分析，本研究不仅得出我国劳动力市场的技能需求存在升级趋势，还进一步得出两个重要结论。其一，劳动力市场的技能升级主要表现为对低技能劳动者的需求减少，对中等技能劳动者的需求增加；其二，劳动力市场的技能升级主要发生在某些职业大类和某些行业门类内部，而不是职业结构的变动或行业结构的变动。这些结论对于了解劳动力市场的技能需求、指导和调节教育供给具有重要的现实意义。以往研究缺乏对这些问题的描述性分析，难以得出结论。

第三，对当前的教育供给提供指导信息，不仅需要了解劳动力市场技能需求的历史趋势，更重要的是对未来的劳动力市场技能需求做出预判。国内关于这方面的已有研究较少。发达国家和国际组织较早地开始了技能需求预判实践，并积累了丰富的经验。本研究综述了常用的技能需求预判方法，并综述了发达国家和国际组织技能需求预判的实践进展和主要困难，为改进和完善我国的技能需求预判体系提供启示。

第四，本研究不仅分析劳动力市场对不同水平的技能需求，还分析劳动力市场对不同类型的技能需求。本研究着重分析人工智能等新一轮信息技术革命对不同类型技能需求的影响，得出我国劳动力市场对非程序性非认知技能、非程序性认知技能的需求增加等重要结论。本研究还着重关注社会交往能力这一项重要的非程序性非认知技能在人工智能背景下的劳动力市场价值。这些研究对教育供给侧重视非程序性技能的培养具有重要启示。

# 第三章
# 劳动力市场对不同水平技能需求的变化趋势

了解劳动力市场对不同水平技能需求的变化趋势，其目的是更加清晰地认识现在和更加准确地预测未来。本章基于人口普查数据[①]和劳动力市场供求监测数据，使用受教育程度和职业类型两个指标作为对技能水平的测量，描述劳动力市场对不同水平技能需求的变化趋势。通过描述，本章试图回答以下问题：我国劳动力市场对不同水平技能需求的整体特征如何？表现出什么样的趋势特征？

本章的结构安排如下：首先，对本章的数据来源进行说明。其次，基于3次人口普查数据，分析我国就业人口的受教育程度变化、职业结构变化、职业大类内部就业人口的受教育程度变化、行业结构变化、行业门类内部就业人口的受教育程度变化等，呈现我国劳动力市场整体及不同职业、不同行业对不同水平技能需求的变化趋势。再次，基于劳动力市场供求监测数据，对第二节的分析结果进行进一步验证和补充。最后，对本章进行总结。

## 第一节 数据来源及其说明

### 一、人口普查数据

国外研究常基于人口普查或劳动力调查等数据，通过就业人口的受教育

---

① 必要之处，再补充其他数据来源。

# 第三章
## 劳动力市场对不同水平技能需求的变化趋势

程度变化和职业结构变化等，来描述劳动力市场对不同水平技能需求的变化趋势。本研究也使用同样的方法。具体而言，本研究基于我国第 4、第 5 和第 6 次人口普查数据，使用受教育程度和职业类型两个指标作为对技能水平的测量，分析 1990—2010 年我国劳动力市场对不同水平技能需求的变化趋势。

在描述前，有必要对几个近似概念进行区分，即"劳动适龄人口"、"劳动力人口"和"就业人口"。劳动适龄人口是指国家规定的劳动年龄界限内的人口。不同国家对劳动年龄有不同的规定。按照我国现行标准，男性在 16～59 岁，女性在 16～54 岁均为劳动适龄人口。

劳动力人口是指有劳动能力和就业要求的劳动适龄人口，它包括从事社会劳动并取得劳动报酬或经营收入的就业人口和要求工作但尚未获得工作岗位的失业或待业人口。劳动力人口与劳动适龄人口不同，原因包括：劳动适龄人口中有一部分人丧失劳动能力，不算劳动力人口；在校学生、待升学者、家务劳动者，还有少量的赋闲者，不算劳动力人口；超过劳动年龄上限的人口中，有一部分继续从事社会劳动，通常算作劳动力人口。劳动力人口作为实际参加或要求参加社会经济活动的人口，也称为经济活动人口。

就业人口是指 16 周岁及以上，从事一定的社会劳动或经营活动并取得劳动报酬或经营收入的人口。它包括正在工作和暂未工作（因为生病、工伤、劳资纠纷、假期等原因）的人口。就业人口与劳动力人口不同。区别在于，后者既包括就业人口，也包括失业人口。

这 3 个概念之间的关系可以用数学公式表示如下：

劳动适龄人口 = 经济活动人口（劳动力人口）+ 非经济活动人口； （3-1）
劳动力人口 = 就业人口 + 失业人口； （3-2）
就业人口 = 正在工作人口 + 暂未工作人口。 （3-3）

可见，劳动力人口是一定时期内为各种经济生产和服务活动提供劳动力供给的人口，它反映的是劳动力供给情况。就业人口是一定时期内各种经济生产和服务活动对劳动力的需求，它反映的是劳动力需求情况。本章在分析劳动力市场对不同水平技能需求的变化趋势时，分析对象为就业人口。

## 二、劳动力市场供求监测数据

人口普查数据的优点是历时较长、覆盖面广，其调查对象的全面性能够保证调查结果的代表性和可靠性。基于人口普查数据，分析就业人口的技能水平变化，确实能够反映劳动力市场对不同水平技能的需求。但是，由于它是对就业人口存量的分析，而不是对新就业人口流量的分析，因此它只是间接地反映劳动力市场需求。相反，劳动力市场供求监测数据是对劳动力市场需求的直接反映。因此，本章还基于劳动力市场供求监测数据，将劳动力市场对不同水平技能需求的变化趋势进行描述。两种数据来源的分析结果可以相互验证、相互补充。

中国人力资源市场信息监测中心根据全国部分城市公共就业服务机构采集的劳动力供求信息，形成各季度全国部分城市公共就业服务机构市场供求状况分析报告，并向社会发布。基于这些报告提供的数据，可以分析劳动力市场对不同受教育程度、不同职业类型和不同技术等级的劳动力需求。将不同时期的数据进行汇总，还可以分析劳动力市场对不同水平技能需求的变化。

不过该数据存在重要缺陷，具体包括以下3个方面。

第一，它只监测通过公共就业服务机构进行招聘和求职的劳动力市场供求信息，而不监测通过其他渠道进行招聘和求职的劳动力市场供求信息。根据《中国人口和就业统计年鉴—2020》，城镇失业人员寻找工作的方式中在职业介绍机构登记的仅占5.3%，委托亲友找工作和浏览招聘广告的分别占46.4%和15.0%，另外还有直接与单位或雇主联系、应答或刊登广告、参加招聘会等方式。因此，该监测的覆盖面较窄，无法反映我国劳动力市场技能需求的全貌。

第二，它不是对全国所有城市的普查，而是对部分城市的抽样调查。中国人力资源市场信息监测中心没有公布样本城市的抽样方法，因此本研究无从得知样本城市对全国总体的代表性。本研究仅根据以下信息假定样本城市对全国具有较好的代表性——样本城市数量约100个[①]，分布在全国各大区

---

① 2019年我国共有地级市293个。

域，市辖区人口占全国地级以上城市市辖区人口约50%，市辖区从业人员（含城镇私营和个体劳动者）占全国地级以上城市市辖区从业人员约50%。

第三，由于时间跨度较长，报告的体例和内容发生更改，有些指标无法进行长时期的历时比较。中国人力资源市场信息监测中心公布了从2004年第一季度至2021年第二季度的报告。[①] 从2011年第二季度开始，该报告不再公布按职业分组的供求人数、按文化程度分组的供求人数等；不公布每种技术等级或专业技术职称的求人倍率，只公布部分组别的求人倍率。这使得本研究无法利用该数据分析劳动力市场对不同受教育程度、不同职业大类的劳动者需求，只能分析个别技术等级或专业技术职称的求人倍率。

此外，中国就业培训技术指导中心基于该监测数据，从2019年第三季度开始分季度发布全国招聘求职100个短缺职业排行。本书也将对短缺职业进行分析。

## 第二节　劳动力市场对不同水平技能需求的变化趋势——基于人口普查数据

### 一、就业人口受教育程度的变化

如表3-1所示，我国就业人口的受教育程度不断提高。就业人口中小学及以下受教育程度的比重大幅下降，从1990年的54.74%下降到2010年的27.27%，下降了27.47个百分点。初中及以上受教育程度的就业人口比重均出现上升。其中，初中及以上受教育程度的就业人口比重上升幅度最大，从1990年的32.31%上升到2010年的48.80%，上升了16.49个百分点。高中、专科、本科及以上受教育程度的就业人口比重上升幅度较小。我国就业人口从以小学及以下受教育程度为主（1990年占54.74%）转变为以初中及以上受教育程度为主（2010年占48.80%）。但是，小学及以下受教育程度的就业人

---

① 其中，2008年和2009年全年、2010年第一季度和第二季度、2013年第二季度、2018年第二季度和第三季度、2019年第二季度的报告缺失。

口仍占较大比重，高中及以上受教育程度的就业人口增长速度较为缓慢，接受过高等教育的就业人口比重较低，仅占10.05%。我国就业人口的受教育程度整体水平仍然偏低。

从变化的速度来看，以2000年为标准，小学及以下受教育程度的就业人口在前10年和后10年的降低幅度接近。初中和高中受教育程度的就业人口在前10年的增长幅度略高于后10年。接受过高等教育的就业人口在后10年的增长幅度高于前10年。由此可以大致预测，未来我国小学及以下受教育程度的就业人口将继续大幅下降，初中和高中受教育程度的就业人口将继续增加，接受过高等教育的就业人口将以更快的速度增加。

表3-1 就业人口的受教育程度变化（1990—2010年）

|  | 1990年 | 2000年 | 2010年 | △ 2010-1990 |
|---|---|---|---|---|
| 本科及以上 | 0.66% | 1.38% | 4.09% | 3.43% |
| 专科 | 1.21% | 3.29% | 5.96% | 4.75% |
| 高中 | 11.07% | 12.65% | 13.87% | 2.80% |
| 初中 | 32.31% | 41.70% | 48.80% | 16.49% |
| 小学及以下 | 54.74% | 40.98% | 27.27% | -27.47% |

数据来源：第4、第5、第6次人口普查数据。△ 2010—1990表示2010年数据减去1990年数据，下同。

## 二、就业人口职业大类的变化

《中华人民共和国职业分类大典》将我国的职业类型划分为8个大类，分别是国家机关、党群组织、企业、事业单位负责人（简称"单位负责人"），专业技术人员，办事人员和有关人员，商业和服务业人员，农林牧渔和水利业生产人员，生产运输设备操作人员及有关人员，不便分类的其他从业人员，军人。其中，军人这一职业大类由于其身份的特殊性，不在研究范围之内。

如表3-2所示，我国就业人口的职业大类结构不断高级化。农林牧渔和水利业生产人员的比重大幅下降，从1990年的70.58%下降到2010年的

48.31%，下降了 22.27 个百分点。商业和服务业人员、生产运输设备操作人员及有关人员的比重均明显提高，分别提高了 10.77 个百分点和 7.32 个百分点。这 3 个职业大类的变化趋势反映了我国产业结构的变化，即无论是产业增加值占国内生产总值的比例，还是就业人口所占比例，第一产业所占比例大幅下降，第二产业和第三产业所占比例大幅上升（详见附表1）。除了上述 3 个职业大类以外，其他 4 个职业大类，包括单位负责人、专业技术人员、办事人员和有关人员、不便分类的其他从业人员所占比例均出现上升，但上升幅度较小。我国就业人口从以农林牧渔和水利业生产人员为主（1990 年占 70.58%）转变为仍然以农林牧渔和水利业生产人员为主（2010 年占 48.31%），但商业和服务业人员、生产运输设备操作人员及有关人员比重不断提升，其他职业大类的比重缓慢提升。

从变化的速度来看，以 2000 年为标准，单位负责人的比重在前 10 年下降，在后 10 年上升。专业技术人员的比重缓慢上升，但后 10 年的上升幅度加大。商业和服务业人员、生产运输设备操作人员及有关人员的比重一直呈上升趋势，而且后 10 年的上升幅度高于前 10 年。农林牧渔和水利业生产人员的比重一直呈下降趋势，而且后 10 年的下降幅度大于前 10 年。其余两个职业大类的变化幅度前 10 年和后 10 年接近。由此可以大致预测，随着我国鼓励自主创业和扶持中小型企业等政策的实施，未来我国单位负责人的比重仍将有所提高。专业技术人员的比重将以更快的速度增长。商业和服务业人员、生产运输设备操作人员及有关人员的比重仍将提高，但提高的速度不确定。农林牧渔和水利业生产人员的比重仍将继续大幅下降。办事人员和有关人员的比重将缓慢上升。

表 3-2　就业人口的职业大类构成变化（1990—2010 年）

| | 1990 年 | 2000 年 | 2010 年 | △ 2010-1990 |
|---|---|---|---|---|
| 单位负责人 | 1.75% | 1.67% | 1.77% | 0.02% |
| 专业技术人员 | 5.31% | 5.70% | 6.84% | 1.52% |
| 办事人员和有关人员 | 1.74% | 3.10% | 4.32% | 2.58% |

续表

|  | 1990 年 | 2000 年 | 2010 年 | △ 2010-1990 |
|---|---|---|---|---|
| 商业和服务业人员 | 5.41% | 9.18% | 16.17% | 10.77% |
| 农林牧渔和水利业生产人员 | 70.58% | 64.46% | 48.31% | -22.27% |
| 生产运输设备操作人员及有关人员 | 15.16% | 15.83% | 22.49% | 7.32% |
| 不便分类的其他从业人员 | 0.05% | 0.07% | 0.10% | 0.05% |

数据来源：第4、第5、第6次人口普查数据。

职业大类的划分依据是从事各职业大类所需的技能水平和技能专业程度。研究者常按照技能水平和技能专业程度，将7个职业大类由高到低排列为：单位负责人、专业技术人员、办事人员和有关人员、商业和服务业人员、生产运输设备操作人员及有关人员、农林牧渔和水利业生产人员、不便分类的其他就业人员。例如，我国社会学研究中著名的"十大社会阶层说"①按照人们占有的组织资源、经济资源和文化资源，将整个社会划分成十大阶层。这十大阶层的排列顺序与上述职业大类的排列顺序基本吻合。

本研究综合运用《中国劳动统计年鉴》2010年数据②和CFPS 2010调查数据，验证我国各职业大类从业者的技能水平。《中国劳动统计年鉴》汇报了各职业大类从业者的受教育程度构成，本研究根据一定的方法③将受教育程度转化为受教育年限，并计算出各职业大类从业者的平均受教育年限。CFPS 2010是一个具有全国代表性的社会调查，它收集了个体的受教育年限信息，还对个体进行了认知技能测试。表3-3对各职业大类从业者的受教育年限、字词成绩和数学成绩进行比较。可以得出，单位负责人、专业技术人员、办事人员和有关人员这三类从业者的技能水平接近，且在所有从业者中技能水

---

① 陆学艺. 当代中国社会阶层研究报告 [M]. 北京：社会科学文献出版社，2002：45-46.
② 由于第6次人口普查数据没有汇报分职业大类的受教育程度构成，因此本章用《中国劳动统计年鉴》2010年数据代替。下同。
③ 《中国劳动统计年鉴》汇报了各职业大类从业者的受教育程度构成，将受教育程度分为未上过学、小学、初中、高中、大学专科、大学本科、研究生共七类，本研究分别将它们按照0年、6年、9年、12年、15年、16年、19年换算成受教育年限。

平最高，可以看成是高技能劳动者；商业和服务业人员、生产运输设备操作人员及有关人员、不便分类的其他就业人员这三类从业者的技能水平接近，且在所有从业者中位于中等水平，可以看成是中等技能劳动者；农林牧渔和水利业生产人员这一类从业者的技能水平明显低于其他类型的从业者，可以看成是低技能劳动者。

对7个职业大类所需的技能水平进行由高到低的排序，依次为专业技术人员、单位负责人、办事人员和有关人员、商业和服务业人员、生产运输设备操作人员及有关人员、不便分类的其他从业人员、农林牧渔和水利业生产人员。这种排列顺序与已有研究常用的排列顺序稍有差异[①]。

表3-3 不同职业大类从业者的技能水平

|  | 《中国劳动统计年鉴》 | CFPS 2010 | | | |
| --- | --- | --- | --- | --- | --- |
|  | 受教育年限/年 | 受教育年限/年 | 字词成绩 | 数学成绩 | $N$ |
| 单位负责人 | 12.21 | 11.77 | 25.70 | 16.33 | 659 |
| 专业技术人员 | 13.68 | 13.66 | 28.30 | 18.40 | 1053 |
| 办事人员和有关人员 | 12.71 | 11.79 | 25.50 | 15.80 | 915 |
| 商业和服务业人员 | 9.94 | 8.98 | 21.70 | 13.20 | 2119 |
| 农林牧渔和水利业生产人员 | 7.53 | 4.58 | 12.70 | 7.10 | 7903 |
| 生产运输设备操作人员及有关人员 | 9.32 | 8.37 | 21.00 | 12.30 | 3108 |
| 不便分类的其他从业人员 | 9.71 | 8.35 | 20.28 | 12.26 | 388 |

数据来源：《中国劳动统计年鉴》2010年数据和CFPS 2010调查数据。

图3-1按照这种排列顺序，将7个职业大类分别放置于金字塔的相应位置，

---

[①] 为了绘制2010年就业人口的职业大类分布图，表3-3使用的是2010年数据。使用其他年份数据，会使7个职业大类的排序出现微调，但不会改变职业大类的分布结构，也不会改变职业大类的技能水平划分。

绘制了2010年我国就业人口的职业大类分布。可以看出，我国就业人口的职业大类结构呈典型的金字塔形状，即位于金字塔顶端的高技能从业者占比很小，位于金字塔中部的中等技能从业者占比有待扩大，位于金字塔底端的低技能从业者占比过高。按照表3-3得出的我国高、中、低技能水平的划分方法，2010年我国高、中、低技能从业者占比分别为12.93%、38.76%、48.31%。未来亟须提高高技能从业者和中等技能从业者的比重，大幅降低低技能从业者的比重。

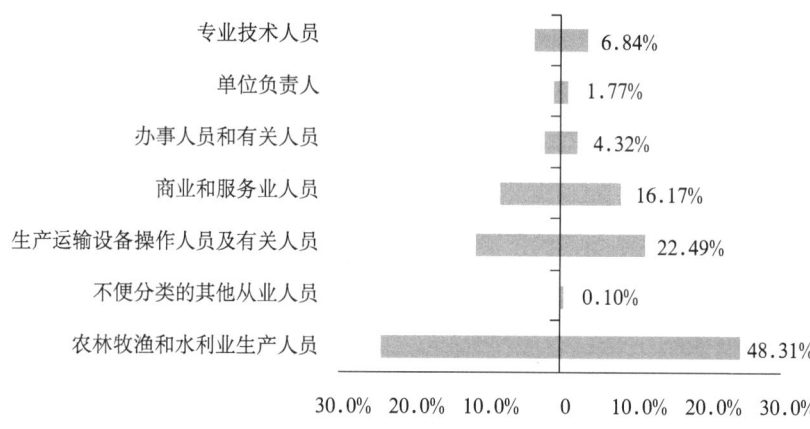

图3-1　我国就业人口的职业大类分布（2010年）

（数据来源：第6次人口普查数据。）

## 三、职业大类内部受教育程度的变化

除了职业大类结构发生变化，职业大类内部就业人口的受教育程度也会发生变化。如表3-4所示，我国单位负责人中受教育程度在高中及以下的比重大幅下降，受教育程度在大学专科及以上的比重大幅上升。未来，我国单位负责人将主要由接受过高等教育的从业者构成。

表3-4　单位负责人的受教育程度变化（1990—2010年）

|  | 1990年 | 2000年 | 2010年 | △2010-1990 |
| --- | --- | --- | --- | --- |
| 大学本科及以上 | 6.56% | 11.39% | 18.26% | 11.70% |

续表

|  | 1990年 | 2000年 | 2010年 | △ 2010-1990 |
|---|---|---|---|---|
| 大学专科 | 13.08% | 23.54% | 21.05% | 7.98% |
| 高中 | 33.90% | 32.95% | 25.97% | -7.93% |
| 初中 | 33.29% | 26.10% | 29.36% | -3.94% |
| 小学及以下 | 13.17% | 6.03% | 5.36% | -7.81% |

数据来源：第4、第5次人口普查数据和《中国劳动统计年鉴》2010年数据。

专业技术人员的受教育程度构成表现出与单位负责人类似的变化趋势（表3-5）。不过，与单位负责人相比，专业技术人员中受教育程度在高中及以下的比例下降的幅度更大，1990—2010年，下降了39.43个百分点。专业技术人员中受教育程度在大学专科及以上的比例上升的幅度也更大，1990—2010年，上升了39.43个百分点。未来，我国专业技术人员将主要由接受过高等教育的从业者构成。

表3-5 专业技术人员的受教育程度变化（1990—2010年）

|  | 1990年 | 2000年 | 2010年 | △ 2010-1990 |
|---|---|---|---|---|
| 大学本科及以上 | 8.90% | 13.54% | 29.96% | 21.06% |
| 大学专科 | 12.89% | 26.72% | 31.26% | 18.37% |
| 高中 | 49.47% | 43.40% | 22.62% | -26.85% |
| 初中 | 24.21% | 14.14% | 13.93% | -10.28% |
| 小学及以下 | 4.53% | 2.21% | 2.23% | -2.30% |

数据来源：第4、第5次人口普查数据和《中国劳动统计年鉴》2010年数据。

办事人员和有关人员的受教育程度构成表现出与单位负责人、专业技术人员类似的趋势（表3-6），即高中及以下受教育程度的从业者所占比重急剧下降，接受过高等教育的从业者所占比重迅速提升。从变化的幅度来看，专业技术人员的受教育程度提升最快，其次是办事人员和有关人员，再次是单位负责人。这3个职业大类作为我国高技能从业者的主要职业类型，1990—

2010 年，表现出明显的技能升级趋势。未来这 3 个职业大类将主要由接受过高等教育的从业者构成。

表 3-6　办事人员和有关人员的受教育程度变化（1990—2010 年）

|  | 1990 年 | 2000 年 | 2010 年 | △ 2010-1990 |
|---|---|---|---|---|
| 大学本科及以上 | 2.60% | 8.80% | 21.23% | 18.63% |
| 大学专科 | 9.59% | 23.54% | 26.14% | 16.55% |
| 高中 | 42.25% | 37.85% | 25.63% | -16.62% |
| 初中 | 35.23% | 23.24% | 22.10% | -13.13% |
| 小学及以下 | 10.33% | 6.56% | 4.90% | -5.42% |

数据来源：第 4、第 5 次人口普查数据和《中国劳动统计年鉴》2010 年数据。

上述 3 个职业大类都表现出高中及以下受教育程度的从业者比重显著下降。但是，商业和服务业人员只有小学及以下受教育程度的从业者比重大幅下降，1990—2010 年，下降了 19.52 个百分点（表 3-7）。初中及以上各类受教育程度的从业者比重均有所提升，但提升的幅度不大。到 2010 年，商业和服务业人员仍有超过一半为初中受教育程度，接受过高等教育的从业者比重仅为 10.61%。这说明，我国商业和服务业人员的受教育程度仍然不高（以初中和高中受教育程度为主）。

表 3-7　商业和服务业人员的受教育程度变化（1990—2010 年）

|  | 1990 年 | 2000 年 | 2010 年 | △ 2010-1990 |
|---|---|---|---|---|
| 大学本科及以上 | 0.18% | 0.76% | 2.98% | 2.80% |
| 大学专科 | 0.64% | 3.27% | 7.63% | 6.99% |
| 高中 | 20.59% | 24.90% | 24.30% | 3.71% |
| 初中 | 45.71% | 50.33% | 51.73% | 6.02% |
| 小学及以下 | 32.88% | 20.75% | 13.36% | -19.52% |

数据来源：第 4、第 5 次人口普查数据和《中国劳动统计年鉴》2010 年数据。

生产运输设备操作人员及有关人员的受教育程度构成表现出与商业和服务业人员类似的趋势（表3-8）。小学及以下受教育程度的从业者比重大幅下降，1990—2010年，下降了12.36个百分点。除高中受教育程度的从业者比重略有下降以外，其他各类受教育程度的从业者比重均有所上升。但只有初中受教育程度的从业者比重上升幅度较大，接受过高等教育的从业者比重上升幅度很小。到2010年，生产运输设备操作人员及有关人员仍有61.00%为初中受教育程度，77.09%为初中及以下受教育程度，接受过高等教育的从业者比重仅为5.03%。这说明，我国生产运输设备操作人员及有关人员的受教育程度仍然不高。未来亟须将生产运输设备操作人员及有关人员的受教育程度提高到至少以高中水平为主。这对我国制造业产业链升级，从制造大国向制造强国转变具有重要意义。

商业和服务业人员、生产运输设备操作人员及有关人员作为我国中等技能从业者的主要职业类型，二者的受教育程度构成表现出相似的特征，即小学及以下受教育程度的从业者比重大幅下降，初中及以上各类受教育程度的从业者比重小幅上升（生产运输设备操作人员及有关人员中高中受教育程度的从业者比重除外）。到2010年，二者主要由初中受教育程度的从业者构成，接受过高等教育的从业者比重很小。未来亟须提高高中及以上受教育程度的从业者比重。

表3-8　生产运输设备操作人员及有关人员的受教育程度变化（1990—2010年）

|  | 1990年 | 2000年 | 2010年 | △ 2010-1990 |
| --- | --- | --- | --- | --- |
| 大学本科及以上 | 0.12% | 0.40% | 1.23% | 1.10% |
| 大学专科 | 0.55% | 1.83% | 3.80% | 3.26% |
| 高中 | 19.91% | 20.46% | 17.87% | -2.04% |
| 初中 | 50.97% | 57.28% | 61.00% | 10.03% |
| 小学及以下 | 28.45% | 20.03% | 16.09% | -12.36% |

数据来源：第4、第5次人口普查数据和《中国劳动统计年鉴》2010年数据。

农林牧渔和水利业生产人员作为我国低技能从业者的主要职业类型,它的受教育程度构成表现出与前5个职业大类不同的趋势(表3-9)。相同的是,小学及以下受教育程度的从业者比重大幅下降,1990—2010年,下降了24.49个百分点。不同的是,除了初中受教育程度的从业者比重有大幅上升(上升了22.40个百分点)以外,高中及以上各类受教育程度的从业者比重几乎没有变化。因此,2010年,我国农林牧渔和水利业生产人员仍有93.69%为初中及以下受教育程度。农林牧渔和水利业生产人员受教育程度偏低,是我国提升农业劳动生产率、发展现代化农业的重要制约。未来亟须培养一批高素质、懂技术、会经营的新型农民。

表3-9 农林牧渔和水利业生产人员的受教育程度变化(1990—2010年)

|  | 1990年 | 2000年 | 2010年 | △ 2010-1990 |
|---|---|---|---|---|
| 大学本科及以上 | 0.00% | 0.01% | 0.09% | 0.09% |
| 大学专科 | 0.01% | 0.08% | 0.46% | 0.45% |
| 高中 | 4.20% | 4.52% | 5.77% | 1.57% |
| 初中 | 27.78% | 40.37% | 50.18% | 22.40% |
| 小学及以下 | 68.00% | 55.01% | 43.51% | -24.49% |

数据来源:第4、第5次人口普查数据和《中国劳动统计年鉴》2010年数据。

可见,虽然从整体而言,我国就业人口的受教育程度不断提高,职业大类结构不断高级化,但是,各职业大类内部的受教育程度构成表现出较大的差异。单位负责人、专业技术人员、办事人员和有关人员目前主要由高中及以上受教育程度的从业者构成,未来将逐步转变为主要由接受过高等教育的从业者构成。商业和服务业人员、生产运输设备操作人员及有关人员目前主要由初中受教育程度的从业者构成,未来亟须将这两类从业者的受教育程度提高到至少以高中水平为主。农林牧渔和水利业生产人员目前主要由初中及以下受教育程度的从业者构成,未来亟须提高高中及以上受教育程度的从业者比重,对现有从业人员进行农业实用技术和管理知识的培训。

## 四、职业大类组间变化与组内变化的比较

就业人口受教育程度的总体变化可以分解为两个来源：一是就业人口职业大类的构成变化（简称"组间变化"）；二是职业大类内部受教育程度的变化（简称"组内变化"）。本研究计算出1990年、2000年、2010年各职业大类从业者所占比重（表3-2），以及各职业大类的平均受教育年限[①]（详见附表2），然后利用式（3-4）计算出组间变化和组内变化分别对总体变化的贡献度。

$$\Delta S = \sum_i \Delta P_i \bar{S}_i + \sum_i \Delta S_i \bar{P}_i 。 \quad (3-4)$$

其中，$\Delta S$为就业人口受教育程度的总体变化，$P_i$为职业大类$i$的从业者占所有从业者的比重，$S_i$为职业大类$i$的平均受教育年限，上横线表示不同年份之间的平均值。式右侧的前半部分表示组间变化，后半部分表示组内变化。表3-10呈现了计算结果。可以得出，不管是1990—2000年、2000—2010年，还是1990—2010年，就业人口受教育程度的总体变化更多地来自组内变化，即职业大类内部受教育程度的变化。尤其是1990—2000年，组内变化所占比重最大，为81.14%。这说明，表3-4至表3-9所描述的各职业大类内部受教育程度的提高是我国就业人口受教育程度提高的主要原因。相反，就业人口职业结构的变化对就业人口受教育程度提高的贡献度较小。如表3-2所示，1990—2010年，就业人口比重变化较大的职业大类有农林牧渔和水利业生产人员、商业和服务业人员，分别下降了22.27个百分点和提高了10.77个百分点，其他职业大类的就业人口比重变化幅度很小。未来推动我国就业人口受教育程度进一步提高，需要改善就业人口的职业结构，创造更多的中、高级技能岗位。

但是也应注意到，2000—2010年，组间变化（职业大类的构成变化）所占比重较前10年有大幅的提高。这说明，在后10年里，职业大类的构成变化对就业人口受教育程度的总体变化起到了更加重要的作用。确实，如表3-2所示，职业大类的构成变化幅度后10年较前10年更大。

---

① 将受教育程度换算成受教育年限的方法同前。

表 3-10 职业大类组间变化和组内变化对就业人口受教育程度总体变化的贡献度

|  | 1990—2000 年 | 2000—2010 年 | 1990—2010 年 |
| --- | --- | --- | --- |
| 组间变化 | 18.86% | 41.20% | 30.95% |
| 组内变化 | 81.14% | 58.80% | 69.05% |

数据来源：第 4、第 5 次人口普查数据和《中国劳动统计年鉴》2010 年数据。

## 五、就业人口职业中类的变化

职业大类作为我国职业分类的第一级分类，它包含许多具体的职业中类、小类和细类。单纯分析职业大类的变化趋势，可能掩盖职业大类内部的细节。因此，本研究基于第 5 和第 6 次人口普查数据[①]，进一步分析 64 个职业中类的构成变化趋势。

表 3-11 和表 3-12 分别呈现了 2000—2010 年就业人口比重增长较多的 10 个职业中类和就业人口比重减少较多的 10 个职业中类。此处的就业人口比重是指职业中类的从业者人数占就业人口总数的比重。通过表 3-11 可以发现，2000—2010 年我国就业人口比重增长最多的职业中类是购销人员，工程施工人员，裁剪、缝纫和皮革制品加工制作人员等。这 10 个职业中类中，有 8 个属于商业和服务业人员、生产运输设备操作人员及有关人员（第四和第六职业大类）。按照技能水平划分，这 8 个职业中类的从业者为中等技能劳动者。剩下的 2 个职业中类分别属于专业技术人员（第二职业大类）与办事人员和有关人员（第三职业大类）。按照技能水平划分，这两个职业中类的从业者为高技能劳动者。换而言之，按照职业中类的就业人口比重变化，2000—2010 年我国就业人口增长最多的是中等技能劳动者，其次是高技能劳动者。

---

① 第 4 次人口普查与第 5、第 6 次人口普查关于职业中类的分类存在较大差异，所以此处只分析第 5、第 6 次人口普查的数据。

## 第三章 劳动力市场对不同水平技能需求的变化趋势

表 3-11　就业人口比重增长最多的 10 个职业中类（2000—2010 年）

| 职业中类名称 | 增长百分点 | 所属职业大类 |
| --- | --- | --- |
| 购销人员 | 4.11% | 四 |
| 工程施工人员 | 2.20% | 六 |
| 裁剪、缝纫和皮革制品加工制作人员 | 1.11% | 六 |
| 社会服务和居民生活服务人员 | 0.97% | 四 |
| 餐饮服务人员 | 0.81% | 四 |
| 工程技术人员 | 0.72% | 二 |
| 电子元器件与设备制造、装配、调试及维修人员 | 0.69% | 六 |
| 行政办公人员 | 0.65% | 三 |
| 运输服务人员 | 0.55% | 四 |
| 其他生产、运输设备操作人员及有关人员 | 0.53% | 六 |

数据来源：第 5、第 6 次人口普查数据。

通过表 3-12 可以发现，2000—2010 年，我国就业人口比重减少最多的职业中类是种植业生产人员、经济业务人员、国家机关及其工作机构负责人等。这 10 个职业中类中，有 4 个属于单位负责人（第一职业大类），4 个属于农林牧渔和水利业生产人员（第五职业大类）。按照技能水平划分，它们分别属于高技能劳动者和低技能劳动者。剩下的两个职业中类分别属于专业技术人员（第二职业大类）和生产运输设备操作人员及有关人员（第六职业大类）。换而言之，按照职业中类的就业人口比重变化，2000—2010 年，我国就业人口减少最多的既有高技能劳动者，也有低技能劳动者。

表 3-12　就业人口比重减少最多的 10 个职业中类（2000—2010 年）

| 职业中类名称 | 减少百分点 | 所属职业大类 |
| --- | --- | --- |
| 种植业生产人员 | 16.11% | 五 |
| 经济业务人员 | 0.11% | 二 |
| 国家机关及其工作机构负责人 | 0.09% | 一 |

续表

| 职业中类名称 | 减少百分点 | 所属职业大类 |
| --- | --- | --- |
| 民主党派和社会团体及其工作机构负责人 | 0.07% | 一 |
| 中国共产党中央委员会和地方各级组织负责人 | 0.07% | 一 |
| 事业单位负责人 | 0.06% | 一 |
| 其他农、林、牧、渔、水利业生产人员 | 0.06% | 五 |
| 渔业生产人员 | 0.04% | 五 |
| 粮油、食品、饮料生产加工及饲料生产加工人员 | 0.03% | 六 |
| 畜牧业生产人员 | 0.01% | 五 |

数据来源：第5、第6次人口普查数据。

不过，对比表3-11和表3-12可以发现，在就业人口比重减少最多的10个职业中类中，除了种植业生产人员的减少幅度较大（16.11%）以外，其他各职业中类的减少幅度很小，明显低于表3-11中各职业中类的增长幅度。而且，表3-12中属于第一职业大类的4个职业中类（国家机关及其工作机构负责人、民主党派和社会团体及其工作机构负责人、中国共产党中央委员会和地方各级组织负责人、事业单位负责人）都为公有制单位的负责人。第一职业大类共包含5个职业中类，除了上述4个职业中类以外，第5个职业中类为企业负责人。这说明，2000—2010年，单位负责人中除了企业负责人的就业人口比重增长以外，其他各类党政机关、社会团体和事业单位的负责人比重均下降。这是高技能岗位就业人口比重减少的主要原因。

党政机关、社会团体和事业单位的负责人比重之所以下降，是因为2000—2010年，这些类型的法人单位数量在法人单位总数中的比重在下降。相反，企业法人单位的比重在增长（详见附表3）。

## 六、就业人口行业门类的变化

除了分析不同职业对不同水平技能的需求，本研究还关注不同行业对不同水平的技能需求及其变化趋势。在我国加快推进产业结构调整的背景下，

# 第三章
## 劳动力市场对不同水平技能需求的变化趋势

不同行业的发展趋势、产值结构可能发生较大变化。这将对未来的就业结构、劳动力市场技能需求结构产生深刻影响。因此，了解不同行业对不同水平的技能需求及其变化趋势显得尤为重要。

在分析就业人口的行业结构变化时，存在的一个问题是《国民经济行业分类》曾经进行数次调整。调整前后，行业门类、大类、中类、小类的数量、划分方法、名称等都发生了较大变化，这导致不同时期的行业结构比较存在困难[1]。例如，我国分别于1994年、2002年对《国民经济行业分类》进行修订，这使得第4、第5和第6次人口普查所采用的行业分类标准不一致。本研究如果继续使用人口普查数据来分析就业人口的行业结构变化，就难以解决这一问题。

《中国劳动统计年鉴》汇报了2002年及以前的分行业就业人口数。但是，从2003年开始，该年鉴不再汇报全国就业人员的行业构成，只汇报城镇单位就业人员的行业构成。城镇单位就业人员是指，在各级国家机关、党政机关、社会团体及企业、事业单位中工作，取得工资或其他形式劳动报酬的全部人员。它不包括城镇私营企业就业人员和个体就业人员，不包括在城镇从事农业的劳动者、未在工商管理部门注册登记的个体劳动者等，更不包括乡村就业者。可见，城镇单位就业人员所包含的对象范围比全国就业人员要窄得多。以2011年为例，我国城镇单位就业人员总数为14 413.3万人，全国就业人员总数为76 420.0万人，前者只占后者的18.86%。使用城镇单位就业人员的行业构成来反映全国就业人员的行业构成，显得不够全面。

由于以上两个方面的原因，本研究仅基于第6次人口普查数据呈现2010年我国就业人口的行业构成，而无法对就业人口的行业构成进行历时比较。该年的人口调查信息使用2002年修订的《国民经济行业分类》（GB/T 4754—2002）。

如表3-13所示，农、林、牧、渔业就业人员所占比重最大，达到48.34%。我国第一产业就业人员的比重仍然过高，未来亟须提高第一产业的

---

[1] 例如，虽然行业门类的名称同为"农林牧渔业"，但其下所包含的行业中类已经发生调整。即使是行业门类层面的比较，也存在偏差。

劳动生产率，降低第一产业的就业人员比重。此外，制造业，批发和零售业，建筑业，交通运输、仓储及邮政业的就业人员比重也较高，分别为16.85%、9.30%、5.48%、3.56%。这些行业均为我国传统的劳动密集型行业。上述5个行业大类的就业人员合计占到全国就业人员总数的83.53%。

相比之下，科学研究、技术服务和地质勘查业，信息传输、计算机服务和软件业，卫生、社会保障和社会福利业等现代服务业[①]的就业人员比重很低，分别为0.32%、0.61%、1.17%。未来亟须提高现代服务业的就业人员比重。

表3-13 就业人员的行业构成（2010年）

| 行业门类名称 | 比重 |
| --- | --- |
| 农、林、牧、渔业 | 48.34% |
| 采矿业 | 1.13% |
| 制造业 | 16.85% |
| 电力、燃气及水的生产和供应业 | 0.69% |
| 建筑业 | 5.48% |
| 交通运输、仓储及邮政业 | 3.56% |
| 信息传输、计算机服务和软件业 | 0.61% |
| 批发和零售业 | 9.30% |
| 住宿和餐饮业 | 2.73% |
| 金融业 | 0.81% |
| 房地产业 | 0.67% |
| 租赁和商务服务业 | 0.69% |

---

① 据科技部《现代服务业科技发展"十二五"专项规划》，现代服务业是以现代科学技术特别是信息网络技术为主要支撑，建立在新的商业模式、服务方式和管理方法基础上的服务产业。它有别于商贸、住宿、餐饮、仓储、交通运输等传统服务业，以金融业，信息传输、计算机服务和软件业，租赁和商务服务业，科学研究、技术服务和地质勘查业，文化、体育和娱乐业，房地产业等为代表。

续表

| 行业门类名称 | 比重 |
| --- | --- |
| 科学研究、技术服务和地质勘查业 | 0.32% |
| 水利、环境和公共设施管理业 | 0.37% |
| 居民服务和其他服务业 | 1.94% |
| 教育 | 2.31% |
| 卫生、社会保障和社会福利业 | 1.17% |
| 文化、体育和娱乐业 | 0.45% |
| 公共管理和社会组织 | 2.57% |
| 国际组织 | 0.00% |

数据来源：第6次人口普查数据。

## 七、行业门类内部受教育程度的变化

《中国劳动统计年鉴》虽然从2003年开始不再汇报全国就业人员的行业构成，但汇报分行业的全国就业人员受教育程度构成[①]。基于该数据，可以分析行业门类内部的受教育程度变化。具体而言，本研究分析2002—2010年的行业门类内部受教育程度变化，因为这9年的统计数据同样使用2002年修订的《国民经济行业分类》。从2011年开始，《中国劳动统计年鉴》开始使用2011年新修订的《国民经济行业分类》（GB/T 4754—2011）进行统计。

如表3-14所示，2002—2010年国际组织的就业人员受教育程度提高幅度最大，接受过高等教育的从业者比重从26.40%上升到70.50%。但是，因为国际组织的就业人员总数非常小，在就业人员总数中所占的比例几乎可以忽略不计，所以该行业对高等教育从业者的绝对需求量不高。此外，租赁和商务服务业，卫生、社会保障和社会福利业，科学研究、技术服务和地质勘查业，金融业，电力、燃气及水的生产和供应业，教育，信息传输、计算机服务和软件业等7个行业的就业人员受教育程度也有较为明显的提升。这些行业的

---

① 只汇报相对比例，不汇报绝对人数。

中等及中等以下受教育程度从业者比重大幅下降，高等教育从业者比重有较大幅度的提升。未来要提高劳动力市场对高等教育从业者的需求，需要大力发展现代服务业。

各行业门类之间的受教育程度构成存在较大差异。2010年，住宿和餐饮业，交通运输、仓储及邮政业，居民服务和其他服务业，批发和零售业，采矿业，建筑业，电力、燃气及水的生产和供应业，房地产业等9个行业主要以中等教育程度（初中和高中）的从业者为主，中等教育程度的从业者在这些行业中所占比重均超过60%。教育，国际组织，科学研究、技术服务和地质勘查业，金融业等4个行业主要以高等教育程度的从业者为主，高等教育从业者在这些行业中所占比重均超过60%。

表3-14  行业门类内部受教育程度的变化（2002—2010年）

|  | 初等教育及以下 | | 中等教育 | | 高等教育 | |
| --- | --- | --- | --- | --- | --- | --- |
|  | 2002年 | 2010年 | 2002年 | 2010年 | 2002年 | 2010年 |
| 农、林、牧、渔业 | 53.10% | 43.40% | 46.60% | 56.00% | 0.20% | 0.60% |
| 采矿业 | 18.40% | 13.80% | 77.30% | 73.10% | 4.30% | 13.10% |
| 制造业 | 15.70% | 13.90% | 78.10% | 76.30% | 6.30% | 9.80% |
| 电力、燃气及水的生产和供应业 | 7.00% | 4.40% | 74.50% | 61.40% | 18.50% | 34.30% |
| 建筑业 | 22.40% | 21.10% | 72.60% | 73.00% | 5.00% | 6.00% |
| 交通运输、仓储及邮政业 | 10.70% | 10.50% | 82.20% | 78.70% | 7.10% | 10.80% |
| 信息传输、计算机服务和软件业 | 2.10% | 2.40% | 54.90% | 42.60% | 42.90% | 55.10% |
| 批发和零售业 | 17.90% | 11.90% | 77.10% | 75.80% | 5.00% | 12.40% |
| 住宿和餐饮业 | 17.20% | 14.00% | 79.70% | 79.70% | 3.00% | 6.30% |
| 金融业 | 4.30% | 1.20% | 49.30% | 36.20% | 46.50% | 62.60% |
| 房地产业 | 6.50% | 9.30% | 59.70% | 61.00% | 33.80% | 29.70% |
| 租赁和商务服务业 | 11.40% | 6.10% | 77.20% | 53.80% | 11.30% | 40.10% |
| 科学研究、技术服务和地质勘查业 | 2.80% | 2.30% | 48.10% | 32.40% | 49.10% | 65.30% |

续表

|  | 初等教育及以下 | | 中等教育 | | 高等教育 | |
| --- | --- | --- | --- | --- | --- | --- |
|  | 2002年 | 2010年 | 2002年 | 2010年 | 2002年 | 2010年 |
| 水利、环境和公共设施管理业 | 12.10% | 19.10% | 65.80% | 57.90% | 22.20% | 23.00% |
| 居民服务和其他服务业 | 20.50% | 16.90% | 75.30% | 77.40% | 4.10% | 5.70% |
| 教育 | 1.10% | 1.80% | 40.60% | 27.00% | 58.30% | 71.20% |
| 卫生、社会保障和社会福利业 | 4.60% | 2.70% | 59.70% | 41.80% | 35.60% | 55.50% |
| 文化、体育和娱乐业 | 3.20% | 5.50% | 59.40% | 56.70% | 37.40% | 37.80% |
| 公共管理和社会组织 | 1.90% | 3.90% | 46.20% | 37.70% | 51.90% | 58.40% |
| 国际组织 | 30.30% | 1.40% | 43.30% | 28.10% | 26.40% | 70.50% |

数据来源：《中国劳动统计年鉴》。

## 八、行业门类组间变化与组内变化的比较

由于没有全国就业人员的行业构成历时数据，本研究无法运用式（3-4）对全国就业人员的受教育程度变化进行行业门类组间变化与组内变化的分解。不过，从本章分析结果可以推测，全国就业人员的受教育程度变化主要来自行业门类内部受教育程度的变化。行业门类组间变化对全国就业人员的受教育程度变化贡献较小，一些受教育程度变化较为明显的行业从业人员占比较小，而且增长幅度不大。

为了对以上推测进行检验，本研究基于可得的城镇单位就业人口行业构成数据、分行业的城镇单位就业人口受教育程度数据，运用式（3-4）对2003—2011年城镇单位就业人口的受教育程度变化进行行业大类组间变化与组内变化的分解。

式（3-4）中，$\Delta S$ 为城镇单位就业人口受教育程度的总体变化。$P_i$ 为行业门类 $i$ 的从业者占城镇单位就业人口的比重，$S_i$ 为行业门类 $i$ 的平均受教育年限，上横线表示不同年份之间的平均值。式右侧的前半部分表示组间变化，后半部分表示组内变化。结果显示，2003—2011年，行业门类组间变化对城镇单位就业人口受教育程度总体变化的贡献为负（-7.06%），行业门类组内

变化对城镇单位就业人口受教育程度总体变化的贡献为正（107.06%）。这表明，城镇单位就业人口受教育程度的总体变化主要来自行业门类内部就业人口的受教育程度变化。我国的行业门类结构较为落后，不利于提高对高技能人才的需求。从扩大城镇单位对高等教育从业者的需求来看，未来需要促进教育，国际组织，科学研究、技术服务和地质勘查业，金融业，公共管理和社会组织，卫生、社会保障和社会福利业，信息传输、计算机服务和软件业等行业的发展（表3-15）。

表3-15 行业门类组间变化和组内变化对城镇单位就业人口受教育程度总体变化的贡献度

|  | 2003—2011年 |
|---|---|
| 组间变化 | −7.06% |
| 组内变化 | 107.06% |

数据来源：《中国劳动统计年鉴》。

Eli Berman 等[1]、Stephen Machin 和 John Reenen[2] 运用相同的方法对就业人口的技能变化进行行业门类组间变化和组内变化的分解。他们的研究得出，无论是制造业，还是其他行业门类，或是更加细分的行业中类，无论是用受教育程度，还是用职业类型作为技能水平的度量，行业内部的变化（组内变化）都是就业人口技能升级的主要来源。他们指出，各行各业就业人员的技能水平出现升级，这是技能偏向型技术进步导致技能升级的一个有力论证。相反，如果行业结构的变化（组间变化）是就业人口技能升级的主要来源，则表明行业结构调整、国际贸易等是劳动力市场技能升级的原因。我国城镇单位就业人员技能升级的主要来源是行业门类内部变化，这表明技能偏向型技术进步是我国城镇单位就业人员技能升级的主要原因。

---

[1] BERMAN E, BOUND J, GRILICHES Z. Changes in the demand for skilled labor within US manufacturing industries: evidence from the annual survey of manufacturing [J]. The quarterly journal of economics, 1994, 109（2）: 367-397.

[2] MACHIN S, REENEN J. Technology and changes in skill structure: evidence from seven OECD countries [J]. Quarterly journal of economics, 1998, 113（4）: 1215-1244.

# 第三节　劳动力市场对不同水平技能需求的变化趋势
## ——基于劳动力市场供求监测数据

本节基于劳动力市场供求监测数据，分析劳动力市场对不同水平技能的需求，以对第二节的分析结果进行验证和补充。本节使用"求人倍率"指标反映劳动力市场需求。求人倍率是指岗位空缺数与相应岗位求职人数的比率，它表明劳动力市场中每个求职者所对应的岗位空缺数。例如，求人倍率为0.8，表示10个求职者竞争8个岗位。求人倍率大于1，说明职位供过于求；求人倍率小于1，说明职位供不应求。

### 一、劳动力市场对不同技术等级或专业技术职称的劳动力需求

我国的职业技能等级由低到高一般分为五级，分别是五级/初级工、四级/中级工、三级/高级工、二级/技师、一级/高级技师。我国对专业技术人员实行专业技术资格（职称）制，由低到高分别为技术员（助理工程师）、工程师、高级工程师。如图3-2所示，较高比例的用人需求对劳动者的技术等级或专业技术职称有明确要求。2019年第三季度之前，高于45%的用人需求对劳动者的技术等级或专业技术职称有明确要求，该比例最高达到60.7%。从2019年第三季度起，该比例开始下降。2020年之后的下降，可能与新型冠状病毒感染疫情对劳动力市场的影响有关。

劳动力市场对具有技术等级和专业技术职称劳动者的用人需求均大于供给。如图3-3所示，劳动力市场总体的求人倍率稳中缓慢上升，介于0.94~1.62。但是，高级工程师的求人倍率一直高于劳动力市场总体的求人倍率，介于1.75~3.23。高级工程师的求人倍率一直大于1，表明劳动力市场对高级工程师的需求大于供给。

## 劳动力市场
### 技能需求与教育供给侧改革

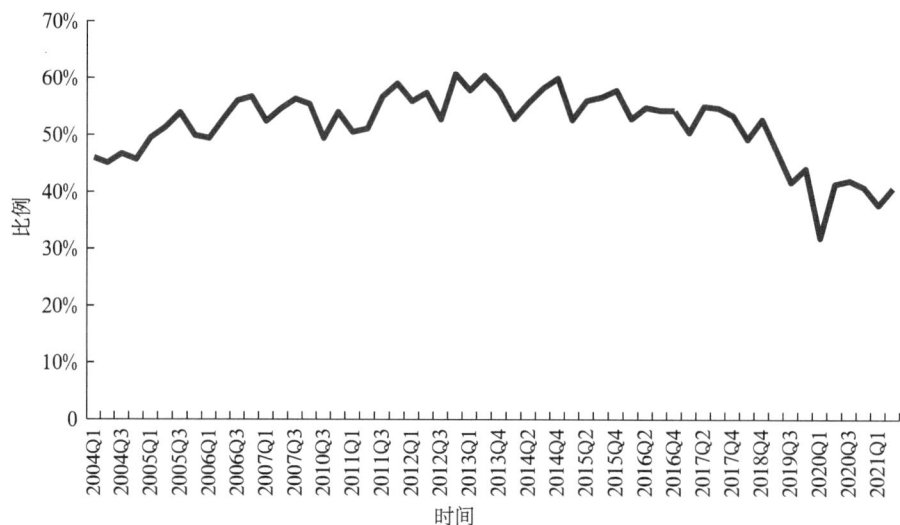

**图 3-2　用人需求对劳动者的技术等级或专业技术职称有明确要求的比例**

（数据来源：人力资源和社会保障部网站。备注："2019Q1"表示2019年第一季度，下同。）

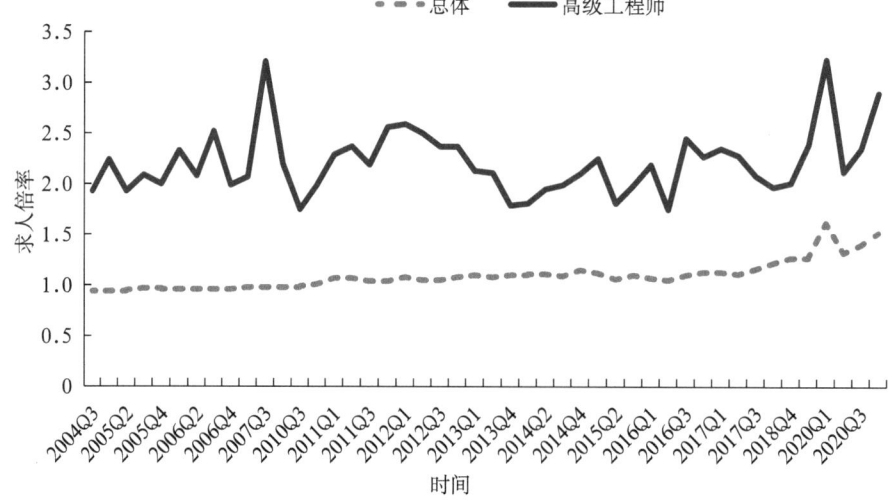

**图 3-3　劳动力市场总体求人倍率和高级工程师求人倍率**

（数据来源：人力资源和社会保障部网站。）

如图 3-4 所示，高级技师的求人倍率也一直高于劳动力市场总体的求人倍率，介于 1.61 ~ 3.53。

# 第三章
## 劳动力市场对不同水平技能需求的变化趋势

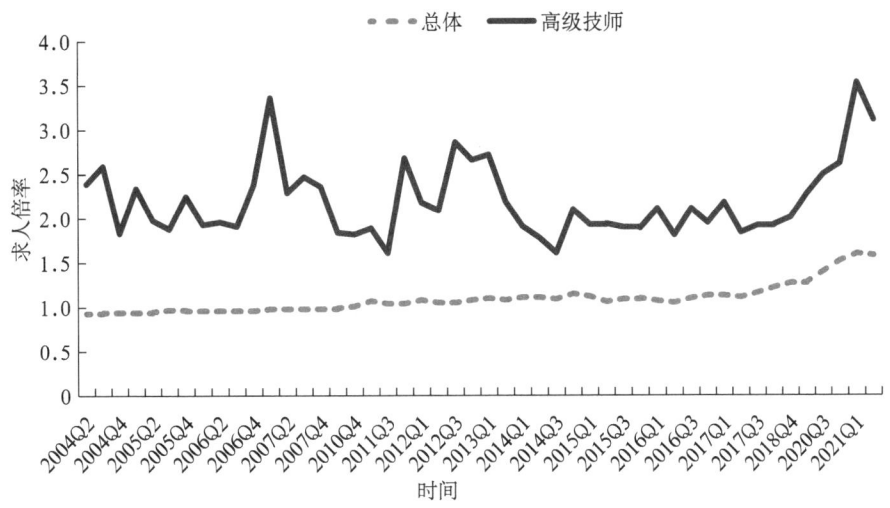

图 3-4 劳动力市场总体求人倍率和高级技师求人倍率
（数据来源：人力资源和社会保障部网站。）

如图 3-5 所示，技师的求人倍率一直高于劳动力市场总体的求人倍率，介于 1.67 ~ 2.78。图 3-3、图 3-4 和图 3-5 表明，劳动力市场对具有技术等级和专业技术职称劳动者的用人需求旺盛。尤其是对具有较高技术等级和专业技术职称（如高级工程师、高级技师、技师）的劳动者，需求大于供给。

近年来，"高级技工短缺"问题引发社会广泛关注。高级技工是指技能劳动者中取得高级工、技师或高级技师职业资格的人员。据人力资源和社会保障部统计，2020 年我国高级技工总量超过 5000 万人，但高级技工总量不足问题仍然比较突出。纵观世界其他工业强国，日本产业工人队伍中高级技工占比达 40%，德国达到 50%，而我国这一比例仅为 5% 左右，全国高级技工缺口近 1000 万人。[①]

---

① "大国工匠"何处觅？中国高级技工缺口高达千万 [N]. 经济参考报，2017-04-17（A05）.

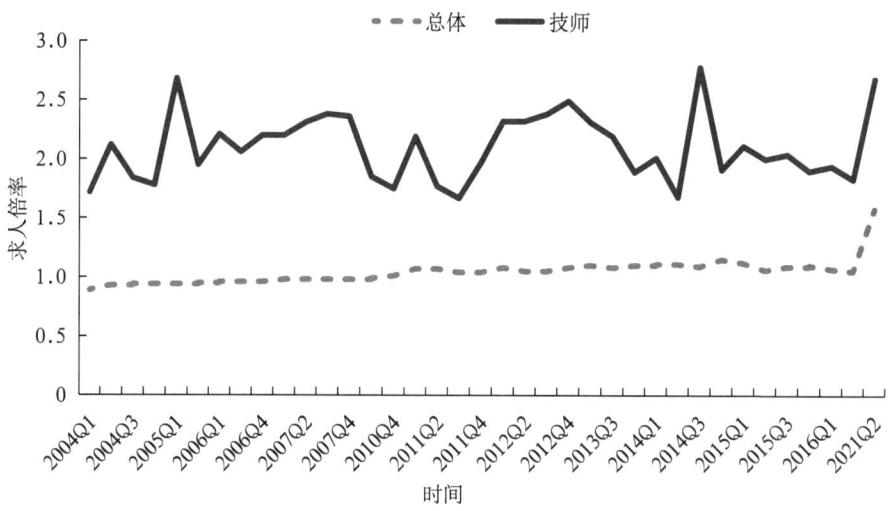

图 3-5 劳动力市场总体求人倍率和技师求人倍率
（数据来源：人力资源和社会保障部网站。）

## 二、短缺职业排行分析

从 2019 年第三季度开始，中国就业培训技术指导中心分季度发布全国招聘求职 100 个短缺职业排行。该排行依据定点监测城市公共就业服务机构人力资源市场"招聘需求人数"和"求职人数"缺口数量与填报城市数量加权取值后排列，形成 100 个短缺职业排行。

如表 3-16 和表 3-17 所示，该排行呈现如下特征。第一，100 个短缺职业集中分布在 3 个职业大类，分别是第四大类"社会生产服务和生活服务人员"、第六大类"生产制造及有关人员"[1]和第二大类"专业技术人员"。这 3 个职业大类合计占据 100 个短缺职业中的 90 个以上。按照前文对职业大类的技能水平分类，社会生产服务和生活服务人员、生产制造及有关人员属于中等技能劳动者，专业技术人员属于高技能劳动者。

---

[1] 2015 年新版《中华人民共和国职业分类大典》发布。新版职业分类大典对职业大类的名称进行了修订，包括将第四大类名称修订为"社会生产服务和生活服务人员"，第六大类名称修订为"生产制造及有关人员"。全国招聘求职 100 个短缺职业排行采用 2015 版《中华人民共和国职业分类大典》的职业分类标准。

表 3-16　全国招聘求职 100 个短缺职业中职业大类分布

单位：个

|  | 专业技术人员 | 社会生产服务和生活服务人员 | 生产制造及有关人员 | 合计 |
|---|---|---|---|---|
| 2019Q3 | 17 | 42 | 36 | 95 |
| 2019Q4 | 14 | 43 | 38 | 95 |
| 2020Q1 | 15 | 34 | 44 | 93 |
| 2020Q2 | 17 | 38 | 39 | 94 |
| 2020Q3 | 18 | 38 | 38 | 94 |
| 2020Q4 | 19 | 36 | 36 | 91 |
| 2021Q1 | 16 | 36 | 42 | 94 |
| 2021Q2 | 17 | 38 | 39 | 94 |

第二，短缺职业大多为就业门槛较低的"低端服务业和低技能制造业"岗位。如表 3-17 所示，2019 年第三季度至 2021 年第二季度，短缺职业排行前十的职业大部分为"营销员""餐厅服务员""保洁员""保安员"等生活性服务业岗位，另有"车工""焊工"等少数制造业岗位。

之所以呈现上述特征，可以从劳动力市场供需两侧寻找原因。从需求侧来看，随着人们收入和生活水平的提升，人们对生活性服务业的便利性和多样性需求提高。生活性服务业的劳动密集程度高，吸纳就业能力强。[①] 从供给侧来看，随着人均受教育年限的不断提升，劳动力对工资水平、工作环境和职业发展前景等的要求更高。由于这些职业的就业门槛较低、技能要求不高，工资水平也大多不高，而且人员流动频繁，社会保障不够健全，因此职业吸引力不强。即使劳动力市场存在对这些职业的大量需求，但劳动力供给也相对较少。

---

① 陈涛. 发挥生活性服务业就业支撑作用 [N]. 经济参考报，2019-02-20（A01）.

表 3-17 全国招聘求职短缺排行前十的职业

| 排名 | 2019Q3 | 2019Q4 | 2020Q1 | 2020Q2 | 2020Q3 | 2020Q4 | 2021Q1 | 2021Q2 |
| --- | --- | --- | --- | --- | --- | --- | --- | --- |
| 1 | 营销员 | 营销员 | 营销员 | 营销员 | 营销员 | 营销员 | 营销员 | 营销员 |
| 2 | 商品营业员 | 餐厅服务员 | 快递员 | 快递员 | 保洁员 | 保洁员 | 餐厅服务员 | 餐厅服务员 |
| 3 | 收银员 | 收银员 | 餐厅服务员 | 餐厅服务员 | 餐厅服务员 | 保安员 | 保安员 | 保安员 |
| 4 | 装卸搬运工 | 保安员 | 保安员 | 保安员 | 保安员 | 商品营业员 | 客户服务管理员 | 保洁员 |
| 5 | 餐厅服务员 | 商品营业员 | 包装工 | 保洁员 | 商品营业员 | 餐厅服务员 | 房地产经纪人 | 市场营销专业人员 |
| 6 | 保安员 | 保洁员 | 焊工 | 商品营业员 | 家政服务员 | 家政服务员 | 保洁员 | 商品营业员 |
| 7 | 保洁员 | 房地产经纪人 | 保洁员 | 车工 | 客户服务管理员 | 客户服务管理员 | 家政服务员 | 房地产经纪人 |
| 8 | 家政服务员 | 焊工 | 商品营业员 | 焊工 | 房地产经纪人 | 车工 | 快递员 | 仪器仪表制造工 |
| 9 | 车工 | 车工 | 装卸搬运工 | 市场营销专业人员 | 快递员 | 房地产经纪人 | 汽车生产线操作工 | 家政服务员 |
| 10 | 焊工 | 家政服务员 | 车工 | 包装工 | 车工 | 焊工 | 包装工 | 快递员 |

## 第四节 本章小结

本章主要基于人口普查数据和劳动力市场供求监测数据,分析劳动力市场对不同水平技能需求的变化趋势。通过分析,本章得到如下结论。

第一,就受教育程度而言,1990—2010 年,我国就业人口从以小学及以下受教育程度为主转变为以初中受教育程度为主。小学及以下受教育程度的就业人口仍占较大比重,高中及以上受教育程度的就业人口增速较为缓慢,接受过高等教育的就业人口比重较低。我国就业人口的受教育程度整体水平仍然偏低。未来，我国小学及以下受教育程度的就业人口将继续大幅下降，初中和高中受教育程度的就业人口将继续增加，接受过高等教育的就业人口将以更快的速度增加。

第二，就职业大类而言，1990—2010年，我国就业人口从以农林牧渔和水利业生产人员为主转变为仍然以农林牧渔和水利业生产人员为主，但商业和服务业人员、生产运输设备操作人员及有关人员比重不断提升，其他职业大类的比重缓慢提升的局面。未来，我国单位负责人的比重将继续提高，专业技术人员的比重将以更快的速度增长，办事人员和有关人员的比重将缓慢提高。商业和服务业人员、生产运输设备操作人员及有关人员的比重仍将提高，但提高的速度不确定。农林牧渔和水利业生产人员的比重将继续大幅下降。

第三，按照职业大类对从业者的技能水平进行分类，可以将单位负责人、专业技术人员、办事人员和有关人员视为高技能劳动者，将商业和服务业人员、生产运输设备操作人员及有关人员、不便分类的其他就业人员视为中等技能劳动者，将农林牧渔和水利业生产人员视为低技能劳动者。目前，我国就业人口的职业大类结构呈典型的金字塔形状。未来，亟须提高高技能从业者和中等技能从业者的比重，大幅降低低技能从业者的比重。

第四，各职业大类内部的受教育程度构成表现出较大的差异。单位负责人、专业技术人员、办事人员和有关人员目前主要由高中及以上受教育程度的从业者构成，未来将逐步转变为主要由接受过高等教育的从业者构成。商业和服务业人员、生产运输设备操作人员及有关人员目前主要由初中受教育程度的从业者构成，未来亟须将这两类从业者的受教育程度提高到至少以高中水平为主。农林牧渔和水利业生产人员目前主要由初中及以下受教育程度的从业者构成，未来亟须提高高中及以上各受教育程度的从业者比重。

第五，就职业大类组间变化与组内变化的比较而言，1990—2010年，就业人口受教育程度的总体变化更多地来自组内变化，即职业大类内部受教育程度的变化。但是，2000—2010年，组间变化，即职业大类的构成变化，对就业人口受教育程度的总体变化起到了更加重要的作用。

第六，从职业中类层面对就业人员的职业构成进行进一步分析可知，

2000—2010年，我国就业人口增长最多的是中等技能劳动者，其次是高技能劳动者；就业人口减少最多的职业中类既有高技能岗位，也有低技能岗位。党政机关、社会团体和事业单位等公有性质的法人单位数量减少，导致这一类型的单位负责人数量减少，这是高技能岗位减少的主要原因。

第七，目前我国就业人口集中分布在农、林、牧、渔业，制造业，批发和零售业，建筑业，交通运输、仓储及邮政业等传统行业。一些知识密集型行业，如科学研究、技术服务和地质勘查业，信息传输、计算机服务和软件业，卫生、社会保障和社会福利业等行业的就业人员比重很低。行业门类结构落后，制约了我国对高技能人才的需求。未来亟须扩大教育，国际组织，科学研究、技术服务和地质勘查业，金融业，公共管理和社会组织，卫生、社会保障和社会福利业，信息传输、计算机服务和软件业等行业从业人员的比重。

第八，劳动力市场供求监测数据表明，劳动力市场对具有技术等级和专业技术职称劳动者的用人需求均大于供给，尤其是对具有较高技术等级和专业技术职称（如高级工程师、高级技师、技师）的劳动者。短缺职业集中分布在社会生产服务和生活服务人员、生产制造及有关人员等中等技能岗位。

以上结论表明，无论是用就业人口的受教育程度变化、职业大类变化、职业中类变化，还是用职业大类内部受教育程度的变化等指标来间接地反映就业人口的技能水平变化，我国就业人口的技能水平都表现出升级趋势，即就业人口的技能水平不断提升。但是，2000—2010年，我国就业人口的技能升级主要表现为对低技能劳动者的需求减少，对中等技能劳动者的需求增多。具体而言，对小学及以下受教育程度的劳动者需求减少，对初中受教育程度的劳动者需求增加；对农林牧渔和水利业生产人员的需求减少，对商业和服务业人员、生产运输设备操作人员及有关人员的需求增加。

劳动力市场对高技能劳动者的需求增加并不明显。从职业大类来看，这种增加主要体现在单位负责人、专业技术人员、办事人员和有关人员这3个职业大类内部。这3个职业大类的从业者在就业人口总数中的占比较小，且增长幅度也小，因此制约了劳动力市场对高技能劳动者的需求。从行业门类来看，这种增加主要体现在租赁和商务服务业，卫生、社会保障和社会福利业，科学研究、技术服务和地质勘查业，金融业，电力、燃气及水的生产和供应业，教育，信息传输、计算机服务和软件业等行业门类内部。这7个行业门类的从业者在就业人口总数中的占比较小，且增长幅度也小，因此制约了劳动力市场对高技能劳动者的需求。未来亟须提高以上职业大类和行业门类的从业者比重。

# 第四章
# 劳动力市场对不同水平技能
# 需求的预判

第三章从历史角度分析劳动力市场对不同水平技能需求的变化趋势，本章则从未来的视角分析如何预判劳动力市场对不同水平技能的需求。预判技能需求，为教育供给侧改革提供技能需求信息，是促进劳动力市场技能供需匹配的重要手段。发达国家和国际组织重视通过技能需求预判，为利益相关者提供技能需求信息。本章将在分析和借鉴国外技能需求预判实践的基础上，对我国开展劳动力市场技能需求预判提供建议。

本章的结构安排如下：首先，介绍技能需求预判的定义和方法；其次，分析发达国家和国际组织技能需求预判的实践进展，并着重分析案例国家和国际组织的技能需求预判实践；再次，分析发达国家和国际组织技能需求预判的主要困难和应对经验；最后，分析我国技能需求预判的现状与改进建议。

## 第一节 技能需求预判的定义和方法

### 一、技能需求预判的定义

技能需求预判是指运用一定的方法，对劳动力市场的技能需求做出预先的判断，以为利益相关者提供技能需求信息。[1] 在科技变革、经济全球化、人

---

[1] ILO, Cedefop, ETF, et al. Skill needs anticipation: systems and approaches – analysis of stakeholder survey on skill needs assessment and anticipation [EB/OL]. [2022–08–01]. https://www.ilo.org/skills/areas/skills-training-for-poverty-reduction/WCMS_616207/lang--en/index.htm.

# 第四章
## 劳动力市场对不同水平技能需求的预判

口老龄化、人口城镇化和人口流动等背景下,劳动力市场技能需求的变化速度加快。许多行业和地区需求最多的职业与技能在10年或5年前根本不存在,现在的小学生将来有65%从事当前还不存在的工作。① 技能需求预判是调整技能供给、促进技能供需匹配的重要手段。

技能需求预判与传统的人力规划(manpower planning)不同。人力规划是在20世纪六七十年代较为盛行的一种教育规划方法。它的核心思想是,为了达到某种经济目标或经济成果,各经济部门需要多少掌握职业或专业知识和技能的各级各类人员,从而需要各级各类教育系统培养出与之相适应的、相应数量的人才,以正好适应经济发展需求。例如,现在生产价值100万美元的电动机需要50名大学毕业的工程师。若一个国家想要生产价值150万美元的电动机,就需要再培养25名大学毕业的工程师。②

人力规划方法由于过于僵硬和固化,导致越来越严重的人力资源错配。例如,它假定劳动力数量与产出之间的关系固定不变,忽略了技术进步等的影响;一味强调职业性技能,忽略了认知技能和非认知技能;无法反映经济全球化对劳动力市场的影响;模型是静态的,没有考虑供给和需求之间的互动;没有考虑不同行业、不同技能及资本与劳动之间的可替代性等。

技能需求识别由传统的人力规划发展而来,但又与人力规划存在显著差别。这些差别主要体现在以下3个方面:第一,在方法上,随着数据基础的不断丰富及技术手段的不断改进,技能需求识别在人力规划的基础上,对方法和模型的缺陷做了很大改进(如考虑供给和需求的互动、考虑可替代性等)。第二,在理念上,人力规划是集权的和自上而下的,目标是确保达到某种产出水平所需的人力供给,而技能需求识别是"赋权"的和自下而上的,目标是帮助个体更好地进行决策,以及使教育部门更具需求导向。第三,在功能上,人力规划旨在为教育系统提供严格的人力需求指导,而技能需求识别旨在为利益相关者进行决策提供富有价值的参考信息。

---

① World Economic Forum. The future of jobs: employment, skills and workforce strategy for the fourth industrial revolution[EB/OL]. [2022-08-01]. https://www3.weforum.org/docs/WEF_Future_of_Jobs.pdf.
② 毛建青. 教育规划中的人力需求法述评[J]. 外国教育研究, 2007(6): 48-52.

## 二、技能需求预判的方法

2014年,经济合作与发展组织对成员国的技能需求预判方法进行了调查。调查显示,在28个提交反馈的成员国中,22个国家使用劳动力市场信息监测,19个国家使用雇主技能需求调查,17个国家使用毕业生调查,16个国家使用定量模型预测,21个国家使用行业分析,19个国家使用质性方法,以及9个国家使用其他方法识别技能需求。[①] 可见,发达国家使用不同的方法识别技能需求,一些发达国家同时使用多种方法识别技能需求。本书依次对这些方法的含义、使用步骤、优缺点及案例国家进行介绍,然后对这些方法的优缺点进行比较。

### (一)劳动力市场信息监测

这是最为广泛使用的一种方法。几乎每个国家都会通过某种方式对劳动力市场信息进行监测。根据监测对象的不同,劳动力市场信息监测分为两种不同的类型。

一种是对劳动力市场"存量"信息的监测,即对就业人员的受教育程度、行业和职业分布、工作时长和工资等信息的监测。严格来说,劳动力市场存量信息并没有直接告诉我们技能需求信息,但是通过横向比较或纵向比较,就能发现技能需求的差异或变化趋势。由于它是一种历史数据,依据过往信息推断当前的技能需求时存在严重的时滞。但是,由于它依附于人口调查或劳动力调查等,不需要专门开展技能需求调查,其成本较低,覆盖面广。

另一种是对劳动力市场"流量"信息的监测,如就业服务机构对通过该机构进行求职或招聘的信息进行监测。这是一种行政数据集,同样不需要开展专门的技能需求调查,因此其成本低。它能够揭示劳动力市场当前的技能需求,但缺点是存在样本选择性偏差。就业服务机构只能监测通过它进行求职或招聘的信息,无法监测大量的、通过其他渠道进行求职或招聘的信息。通过何种渠

---

① OECD. Getting skills right: assessing and anticipating changing skill needs [EB/OL]. [2022-08-01].http://www.oecd.org/publications/getting-skills-right-assessing-and-anticipating-changing-skill-needs-9789264252073-en.htm.

道进行求职或招聘,与职业类型、行业类型及技能类型存在高度关联。

因此,劳动力市场信息监测简便易行,成本较低,但由于它并不是专门的技能需求调查,它收集的技能需求信息不深入,不一定满足决策者的需求。

### (二)雇主技能需求调查(employer/establishment skills surveys)

雇主技能需求调查是指对用人单位进行专门调查,以了解它们的技能使用情况,以及它们对不同水平或类型技能的需求。这是一种直接了解用人单位技能需求的方法。

雇主技能需求调查与其他社会调查的操作步骤相同,包括研究设计(如设计调查问卷等)、调查抽样、发放问卷和回收数据、整理和分析数据、撰写调查报告等。其中,调查问卷的设计非常重要。问卷除了询问单位基本情况、员工职业构成情况、招聘经历、员工的技能使用情况及人力资源发展政策等以外,最重要的是获取技能需求信息。通常通过以下内容获取技能需求信息:第一,职业。分析职业结构及其变化,以及雇主对不同职业人才的需求。第二,空缺岗位。分析空缺岗位的类型及其成因,了解技能需求。第三,人力资源培训情况。分析培训的内容和目标。第四,技能。让雇主对现有员工的技能情况进行评价,或是直接询问雇主对不同类型技能的需求。[①]

开展雇主技能需求调查,需要想方设法提高雇主的参与意愿。出于担心商业信息泄露、害怕工商或税务部门的调查等顾虑,雇主参与调查的积极性不高。可以通过以下方法提高雇主的参与意愿:第一,设计问卷时,邀请雇主参与,并且尽量将问卷设计得简短、易答;第二,生成研究报告时,专门生成一份面向雇主的报告;第三,只有雇主参与,才能获得分享调查结果的权利;第四,尽量让雇主拥有调查数据。

雇主技能需求调查直接了解用人单位的技能需求信息,结果较为可靠。它直接询问雇主对不同类型技能的需求,对技能的测量更加深入。但是由于它需要覆盖面广的大样本量,而且往往需要开展多轮重复调查,因此成本较高。

---

① ETF, Cedefop, ILO. Carrying out tracer studies: guide to anticipating and matching skills and jobs volume 6[EB/OL]. [2022-08-01].https://www.ilo.org/skills/areas/skills-training-for-poverty-reduction/WCMS_534331/lang--en/index.htm.

此外，雇主的报告可能存在一定主观成分，它的应答率一般不高，降低了调查结果的质量。

英国的雇主技能需求调查影响较大。最初，4个成员国（英格兰、苏格兰、威尔士和北爱尔兰）分别独立开展自己的雇主技能需求调查。2009—2010年，英国将4个成员国的雇主技能需求调查整合成全国范围内统一的雇主技能需求调查。2011年起，英国每隔一年开展一次全国范围内统一的雇主技能需求调查。该调查将技能细分为24种，将技能短缺分为外部短缺和内部短缺两种情形，然后分别调查每种情形存在哪些类型的技能短缺。

### （三）毕业生调查（graduate surveys 或 tracer studies）

毕业生调查是指通过网络、电话或纸质问卷等形式，对毕业的学生进行调查，了解他们在工作中的技能使用情况及他们对学校教育的评价等。毕业生调查的对象一般选择毕业1～2年的学生，这些学生离开学校的时间不长，对学校的课程设计和教学活动等印象深刻，而且联系方式也比较容易获取。毕业时间过短，一部分学生可能尚未完成从学校到工作的过渡；毕业时间太长，学生对学校的课程设计和教学活动等印象减弱，联系方式的获取难度也会提高。

毕业生调查的实施步骤与雇主技能需求调查相同。它的问卷一般包含以下内容：毕业生个人基本信息；在校期间的学习经历、实习或工作经历；对学习经历的评价；工作搜寻情况；当前就业状况（包括工作岗位、职责、工资、福利、工作时间等）；工作中技能使用情况；学校教育和工作的关系；工作满意情况；入校学习前的职业教育或培训情况；毕业后的继续教育情况；迁移和流动情况；进一步评价和建议等。[1]

根据组织者的不同，毕业生调查分为两类：一是由教育管理部门组织，自上而下开展的全国性或区域性调查。这类调查的覆盖面广、样本量大，可以为全国或区域层面的教育管理部门等机构提供决策参考信息。但是由于每所学校的样本量小，而且问卷题目没有结合每所学校的不同情况进行个性化

---

[1] ETF, Cedefop, ILO. Developing and running an establishment skills survey: guide to anticipating and matching skills and jobs volume 5[EB/OL]. [2022-08-01].https://www.ilo.org/skills/pubs/WCMS_548324/lang--en/index.htm.

# 第四章
## 劳动力市场对不同水平技能需求的预判

设计,因此调查结果无法进行学校层面的分解,对学校的教育教学改进意义不大。二是由单所学校或学院自行组织,或是多所学校或学院合作组织(每所学校自主决定是否采用主问卷,或是在主问卷基础上进行个性化修改)的小范围调查。这种调查紧密结合院校实际情况,结果的针对性更强,对院校的教育教学改进意义更大,但是它对宏观决策部门的参考意义降低。

世界著名高等教育研究者乌尔里希·泰希勒(Ulrich Teichler)将毕业生调查的发展划分为4个阶段:第一个阶段是简单的就业状况调查;第二个阶段将关注范围显著扩大,包括了解学习与工作之间的实质性联系等;第三个阶段是毕业生国际比较调查;第四个阶段是从21世纪初开始在欧洲兴起的多院校合作调查。[1]

毕业生调查对教育部门的教育教学改进非常有帮助,尤其是当它可以进行院校或专业层面的分解时,结果的针对性更强。该方法的不足包括:成本较高;毕业生的联系方式不易获取,从而降低应答率;反映的是职业生涯早期的技能需求及学校教育对毕业生职业生涯早期的作用,而不能反映职业生涯中后期的情况。为了弥补毕业生调查只反映职业生涯早期情况的缺陷,一些国家在毕业生毕业5~10年开展重复调查。

德国从1989年开始就每4年开展一次毕业生调查。首轮调查在毕业1年时进行,重复调查在毕业5年时进行。除了全国性的统一调查,德国几乎每所高校都开展自主调查或参与多院校合作调查。当前,德国规模最大的合作调查网络名为"毕业生调查合作项目(Kooperationsprojekt Absolventenstudien,KOAB)",约有80所高校参与,每年对毕业一年半的学生进行调查。

### (四)定量模型预测(quantitative forecasting models)

定量模型预测是指在对未来的人口、经济和科技等进行假设的前提下,借助宏观经济模型,对未来的技能需求进行定量预测。可见,它关注的不是当前的技能需求,而是未来的技能需求。

---

[1] 乌尔里希·泰希勒.高等教育和毕业生就业:变化的条件与挑战[J].北京大学教育评论,2019,17(3):13-44,187-188.

定量模型预测的操作步骤包括：第一步，在对劳动适龄人口和劳动参与率进行预测的基础上，预测未来的经济活动人口（或称劳动力人口）；第二步，在对经济活动人口、能源价格等进行预测的基础上，借助宏观经济模型，预测国内生产总值及其构成；第三步，将第二步中得出的分部门需求转化为商品最终需求；第四步，借助投入产出模型，预测分行业产出；第五步，基于就业调查，建立分行业就业人数的影响因素模型，预测分行业就业人数；第六步，基于就业调查，建立行业—职业就业关系模式，预测分职业就业人数（图4-1）。①

图4-1　定量模型预测实施步骤

除了预测分行业和分职业就业人数，定量模型预测也可以进一步预测分受教育程度的就业人数。综合运用调查法和专家评判法等，确定每个职业的入门受教育程度，就可以将分职业就业人数转化为分受教育程度的就业人数。将目标年份的就业人数与当前的就业人数进行对比，就可以判断分行业、分职业和分受教育程度的就业需求变化。

定量模型预测的优点是宏观、全面、量化、可比。它告诉决策者"量化"的技能需求，尽管这个数字不一定准确（社会科学领域的预测无法精准），但是它能揭示大致趋势，从而提示决策者尽早采取相应对策。新一轮科技革命对劳动力市场产生深刻影响，技能需求变化速度加快，越来越多的国家重视开展技能需求预测。

它的缺点是对数据基础的要求高、操作程序比较复杂、专业性强。定量模型预测涉及人口、经济、能源、劳动和统计等多个专业领域，需要这些领域的时间序列数据。例如，历年的人口数据（包括人口总量及其结构、出生率、

---

① United States Bureau of Labor Statistics. BLS handbook of methods [EB/OL]. [2022-08-01]. https://openlibrary.org/books/OL15439201M/BLS_handbook_of_methods.

# 第四章
## 劳动力市场对不同水平技能需求的预判

死亡率等）、人口调查数据（包括不同群体的劳动参与率等）；历年的宏观经济数据（包括 GDP 总量及其结构、财政政策、货币政策、能源价格、投入产出表、劳动生产率等）、劳动力调查数据（包括劳动者的数量、行业和职业属性、工作时间、工资等）等。只有在较早建立较为完备的统计调查制度的国家才具备这样完整的数据基础。因此，目前该方法主要在美国、加拿大、英国、澳大利亚、韩国和法国等发达国家使用。

美国是使用定量模型预测方法识别技能需求的典范。美国劳动统计局（Bureau of Labor Statistics）从 1997 年开始，就每隔 1 年对未来 10 年的技能需求进行预测。当前最新的预测成果是《2018—2028 年就业预测》（*Employment Projections 2018-2028*）。预测结果包含分行业、分职业和分受教育程度的就业需求，是相关决策者获取技能需求信息的重要渠道。值得一提的是，美国还建立和定期更新职业信息网络数据集。这是一个对每个职业进行全面描述的数据集，内容包括职业定义、工作任务、工具和技术要求、能力要求、所需受教育水平、经验和培训要求、证书要求、工作环境、薪水水平和职业前景等。将技能需求预测结果与职业信息网络数据集相结合，决策者可以更加清楚地了解技能需求，为未来的技能需求进行准备。

### （五）行业分析（sectoral analysis 或 sector-based skills anticipation）

行业分析是指聚焦某一个或某几个行业，分析这一个或这几个行业的技能需求。严格来说，它不是一种方法，而是一种分析问题的视角，即从行业的视角识别技能需求，而不是从区域或全国的视角。任何技能需求识别方法都可以用于行业分析，但行业分析经常综合使用多种方法，尤其是综合使用定量和定性方法。

有力的行业组织（或行业技能组织）的存在，对开展行业分析十分有利。行业组织作为介于政府和企业之间的中介组织，它既是行业内不同企业之间的联系纽带，也是行业与外部世界的沟通桥梁。因此，它既熟悉行业内不同企业的技能需求，也能很好地向政府、教育和培训供给者表达行业技能需求，为促进技能供需匹配和行业可持续发展建言献策。

行业分析的步骤包括确定分析行业和研究目标、行业特征分析、技能需求分析、技能供需矛盾分析和对策建议等。一个成功的行业分析具备如下特征：第一，很好地代表行业内不同规模、不同地域和不同性质的企业；第二，雇主积极参与，在识别行业技能需求时扮演重要角色；第三，雇员参与（可以是工会、选举代表和专业组织等形式）；第四，有政府资助，以确保符合社会公共利益和长远利益；第五，综合运用多种方法，尤其是定量和定性方法相结合。①

行业分析因为聚焦某一个或某几个行业，因此能够召集最熟悉行业特征的专家、学者或团队参与，能够更加深入地分析行业技能需求所面临的具体问题，提出的对策更具针对性和可行性。同时，由于研究范围缩小，它对数据基础的要求也降低。它的缺点在于，孤立地从某一个或某几个行业的视角分析技能需求，存在片面性。

英国是运用行业分析法识别技能需求的典范。英国一共组建了25个行业技能委员会（Sector Skills Councils），其成员由雇主、雇员代表和政府相关人员组成。行业技能委员会负责研究行业技能需求，并制定技能开发方案，以确保技能供给满足行业技能需求。行业技能发展署（Sector Skills Development Agency）负责为行业技能委员会的工作提供资金支持，并监督和指导行业技能委员会的工作，确保它们的研究质量达标。同时，行业技能发展署还负责增进不同行业技能委员会之间的合作与交流，以共同提高技能需求识别质量。

### （六）质性方法（qualitative methods）

除了定量方法，质性方法在技能需求识别中也具有重要作用。常见的质性方法，如访谈法、个案法、德尔菲法、头脑风暴法、专家小组法和焦点小组法等，都可以用于技能需求识别。另外，一些战略规划方法，如情景规划法（scenario planning）、回溯法（backcasting）和路线图法（roadmapping）等也可以用于技能需求识别。本书不再赘述常见的质性方法，只对后3种方法进行介绍。

---

① ETF, Cedefop, ILO. Working at sectoral level: guide to anticipating and matching skills and jobs volume 3[EB/OL]. [2022-08-01].https://www.ilo.org/skills/areas/skills-training-for-poverty-reduction/WCMS_534313/lang--en/index.htm.

# 第四章
## 劳动力市场对不同水平技能需求的预判

情景规划法是指对影响技能需求的诸多因素进行系统分析，然后分析这些因素的发展将导致未来技能需求的可能情景，最后制定应对这些情景的策略。回溯法是指先确定一种可能的或理想的未来情景，然后反推现在应该采取哪些行动才能够实现期望的情景或避免不期望的情景。可见，情景规划法和回溯法的逻辑顺序相反，情景规划法是从当前推导未来，而回溯法是从未来反推现在。路线图法与回溯法的推理顺序相同，但是路线图法强调用图示的形式呈现目标、任务和方法之间的路径关系。

质性方法的优点是能够深入分析技能需求，而且方便利益相关者参与，为利益相关者充分交流观点搭建平台。它的缺点是主观性比较强，容易受研究者个人偏见的影响。

2012年，澳大利亚劳动力与生产力署（Australian Workforce and Productivity Agency）制定2025年澳大利亚劳动力发展战略时，曾使用情景规划法分析未来的技能需求。在全面分析影响技能需求的诸多因素后，该研究提出澳大利亚未来发展的4种情景，分别为长期繁荣、智能经济、贸易条件冲击和不确定性事件频发，并分析了每种情景下的技能需求。

### （七）大数据分析（big data analysis）

随着互联网在劳动力市场搜寻与匹配中应用的不断推广，劳动力市场大数据产生。劳动力市场大数据具有海量样本、动态性和即时性等特征，可以有效避免传统调查数据成本高、时间滞后等弱点。同时，它还能捕捉劳动力市场出现的新兴职位和新技能需求，有助于对未来的技能需求进行预测。劳动力市场大数据不仅包含劳动者的行业、职业和工作地点等信息，还包含应聘者的任职要求（如受教育程度、工作经验、技能证书、技能类型和水平等），因此能够深入分析劳动力市场对不同水平和类型技能的需求。

大数据分析的缺点包括：第一，样本代表性问题。劳动力市场大数据无法涵盖招聘会、广告等传统招聘信息。第二，收集的数据与研究需求不匹配的问题。与调查数据不同，劳动力市场大数据没有经过研究者的精心设计，相对比较随意，不一定满足研究需求。第三，信息安全问题。大数据包含较多个人和商业隐私，使用这些数据不需要获得相关主体的同意，与大数据相伴随的信息安全问题成为公众关注的焦点。第四，测量误差问题。重复信息及一些没有明确说明招聘数量的信息都会带来测量误差。

欧盟正在运用大数据分析法对成员国开展技能需求识别。在2014—2016年的试点项目基础上，2017年欧洲职业培训发展中心（European Centre for the Development of Vocational Training, Cedefop）正式发起一项名为"劳动力市场技能需求即时信息：建立欧盟劳动力市场大数据"的项目。该项目委托米兰公共服务研究中心（the Interuniversity Research Centre on Public Services, CRISP）等机构，开展欧盟28国、涉及32种语言的劳动力市场大数据研究。

### （八）不同方法的比较

通过上文的综述，可以发现不同方法的功能目的、适用情境、使用步骤及优缺点都不同。表4-1对每种方法的优缺点进行了比较。每个国家需要结合自身的目的需求、数据积累及组织基础等条件，综合判断选择哪种技能需求识别方法。

表4-1 技能需求识别方法的优缺点比较

| 方法名称 | 优点 | 缺点 |
| --- | --- | --- |
| 劳动力市场信息监测 | 简便易行、成本较低 | 信息不深入，不一定满足决策者的需求 |
| 雇主技能需求调查 | 直接了解雇主的技能需求；对技能的测量更加深入 | 成本较高；雇主报告有一定主观成分；调查结果受应答率影响 |
| 毕业生调查 | 对教育教学改进的意义大；结果针对性较强 | 成本较高；调查结果受应答率影响；识别的是职业生涯早期的技能需求，而非中后期 |
| 定量模型预测 | 宏观、全面、量化、可比；可以预测未来的技能需求 | 数据基础要求高；操作复杂；成本高 |

# 第四章
## 劳动力市场对不同水平技能需求的预判

续表

| 方法名称 | 优点 | 缺点 |
|---|---|---|
| 行业分析 | 能够深入分析具体问题；对策更具针对性和可行性 | 孤立地分析某一个或某几个行业，容易存在片面性 |
| 质性方法 | 深入；便于吸引利益相关者参与 | 主观性强 |

## 第二节　发达国家和国际组织技能需求预判的实践进展

### 一、发达国家和国际组织技能需求预判的进展特征

发达国家和国际组织技能需求预判的进展特征体现在以下4个方面。

#### （一）在观念认识上将技能需求预判视为重要的公共服务

技能需求预判与传统的人力规划（manpower planning）不同。后者重在为确保达到某种水平的产出提供严格的人力需求指导，而前者旨在为广泛的利益相关者提供决策参考信息。技能需求信息不仅有助于教育、劳动和移民等行政部门决策，还能为教育和培训供给者、生涯规划指导者、人力资本投资者、求职者和人力资源管理者等提供决策参考信息。技能需求预判的"信息"功能，使发达国家和国际组织将它作为重要的公共服务予以财政保障。例如，美国2019财年安排6500万美元用于提供劳动力市场信息（不含为此提供基础数据的各项调查），安排730万美元用于职业信息网络数据集建设。得益于财政支持，发达国家和国际组织的技能需求预判能够持续、滚动开展。美国每2年开展未来10年的技能需求预测；芬兰每5年开展未来15年的技能需求预测；英国每3年开展未来10年的技能需求预测，还每2年开展一次全国性的雇主技能需求调查。

#### （二）在组织实施上注重多主体共同参与

技能需求预判主体包括政府部门、科研机构、教育和培训供给者、雇主

或行业协会等，不同主体在预判过程中扮演的角色不同。政府部门（通常指劳动、统计或教育部门）通常是发起者、组织协调者和资助者，有时也直接开展技能需求预判（如美国劳动统计局定期开展技能需求预测）。科研机构（包括高校、研究机构和市场化的咨询公司等）作为第三方力量，负责为技能需求预判提供专业支撑，以确保预判结果的科学性。教育和培训供给者最清楚技能供给状况，他们的参与有助于充分聆听劳动力市场声音，将需求侧信息融入供给侧改革。雇主作为技能的最终使用者，他们最清楚不同技能的需求及其变化、技能不匹配的现状及其成因。行业协会作为行业内部的合作平台及行业与外部的联系纽带，最能集中反映行业的技能需求。多主体共同参与有助于不同的利益主体表达诉求、充分沟通，以确保预判结果顺利转化，避免"自说自话"、预判结果不被认可或利用。

## （三）在预判方法上总结了多种行之有效的方法予以推广

技能需求预判方法主要包括劳动力市场信息监测法、雇主技能需求调查法、毕业生调查法、定量模型预测法、行业分析方法、质性方法和大数据分析法。不同方法的适用情境和优缺点各不相同：劳动力市场信息监测法成本最低、使用最普遍，但结果相对粗糙；雇主技能需求调查法直接收集雇主的技能需求信息，但大规模社会调查的成本较高、雇主的应答率难以确保；毕业生调查法对教育和培训供给者的启示最大，但同样存在成本较高、应答率难以确保的问题；定量模型预测法能够全面、定量地预测未来的技能需求，但它对数据基础的要求高、操作复杂；行业分析法有助于深入研究某一个或某些行业的技能需求，但孤立地分析某一个或某些行业，结果容易片面；质性方法有助于广泛吸引利益相关者参与，但容易受主观倾向影响；大数据分析法的即时性和动态性优势明显，但也存在数据代表性和测量误差等问题。[①] 发达国家和国际组织通常综合使用多种方法，从不同的视角揭示技能需求，并形成不同结果之间的相互补充和验证。为了总结和推广这些方法，为其他国家

---

① ETF, Cedefop, ILO. The feasibility of using big data in anticipating and matching skills needs [EB/OL]. [2022–08–01]. https：//www.ilo.org/skills/areas/skills-training-for-poverty-reduction/WCMS_759330/lang--en/index.htm.

# 第四章
## 劳动力市场对不同水平技能需求的预判

和地区提供方法借鉴，欧洲培训基金会（the European Training Foundation）、欧洲职业培训发展中心（European Centre for the Development of Vocational Training，Cedefop）和国际劳工组织（International Labor Organization）合作出版系列出版物，[1][2][3][4][5][6]对这些方法进行系统介绍。

### （四）在结果转化上重视为公众提供便捷好用的技能需求信息

技能需求预判结果可能纷繁复杂、晦涩难懂，只有将它转化为公众可以理解、便捷获取的信息，才能发挥它的公共服务职能。发达国家和国际组织重视通过互联网以用户友好的形式免费向公众提供技能需求信息。经过多年的发展，发达国家和国际组织逐渐形成本国或本区域品牌性的技能需求信息网站。例如，美国劳动统计局网站、美国职业信息网络、加拿大的工作银行网站（Job Bank）、英国的劳动力市场信息网站（LMI for all）、经济合作与发展组织的工作技能数据库（OECD Skills for Jobs Database）和欧洲职业培训发展中心的技能全景网站（Skills Panorama）等，这些都是公众获取技能需求

---

[1] ETF，Cedefop，ILO. Using labour market information: guide to anticipating and matching skills and jobs volume 1[EB/OL]. [2022-08-01]. https://www.ilo.org/skills/areas/skills-training-for-poverty-reduction/WCMS_534314/lang--en/index.htm.

[2] ETF，Cedefop，ILO. Developing skills foresights, scenarios and forecasts: guide to anticipating and matching skills and jobs volume 2[EB/OL]. [2022-08-01]. https://www.ilo.org/skills/areas/skills-training-for-poverty-reduction/WCMS_534328/lang--en/index.htm.

[3] ETF，Cedefop，ILO. Working at sectoral level: guide to anticipating and matching skills and jobs volume 3[EB/OL]. [2022-08-01]. https://www.ilo.org/skills/areas/skills-training-for-poverty-reduction/WCMS_534313/lang--en/index.htm.

[4] ETF，Cedefop，ILO. The role of employment service providers: guide to anticipating and matching skills and jobs volume 3[EB/OL]. [2022-08-01]. https://www.cedefop.europa.eu/en/publications-and-resources/publications/2214.

[5] ETF，Cedefop，ILO. Developing and running an establishment skills survey: guide to anticipating and matching skills and jobs volume 5[EB/OL]. [2022-08-01]. https://www.ilo.org/skills/pubs/WCMS_548324/lang--en/index.htm.

[6] ETF，Cedefop，ILO. Carrying out tracer studies: guide to anticipating and matching skills and jobs volume 6[EB/OL]. [2022-08-01]. https://www.ilo.org/skills/areas/skills-training-for-poverty-reduction/WCMS_534331/lang--en/index.htm.

信息的重要来源。用户登录这些网站，只需点击鼠标就可以轻松获取宏观就业形势（如分地区、分行业、分职业和分受教育程度的就业情况、工作时长和薪资水平等）和微观就业信息（如了解目标职业所需的技能或自身技能所匹配的职业等）。预判结果充分公开，获得更大程度地利用，为技能需求预判争取到进一步的财政支持。

可见上述 4 个方面并不是彼此孤立的，而是环环相扣的。观念认识是开展技能需求预判的前提，多主体共同参与和多种行之有效的方法共同确保预判结果的科学性，预判结果的充分公开和转化又促进技能需求预判持续开展。在发达国家和国际组织制定的技能发展战略（skill strategy）中，技能需求预判是首要环节。[①]

## 二、案例国家和国际组织的技能需求预判实践

### （一）美国

美国在第二次世界大战结束后就开始开展技能需求预测。当时为了帮助退伍军人顺利就业，重新进入劳动力市场，退伍军人管理局委托劳动统计局（美国劳动部的下属机构）开展研究，了解美国各行各业的劳动力需求及不同职业的就业要求。这项研究持续到 1951 年。

1955 年，美国国会决定，由劳动统计局负责开展就业需求方面的长期研究。从此，就业需求预测成为劳动统计局的一项常规工作。1960 年，劳动统计局对就业需求预测做出大的改进：第一，对职业进行细分，不仅预测职业大类的需求，还预测具体职业的需求；第二，不只对职业需求的大致方向进行预测，还对职业需求的具体数量做出定量预测。因此，从 1960 年产出第一份定量的职业需求预测算起，美国的技能需求预测实践至今已有 60 多年历史。

从 1997 年开始，劳动统计局每隔一年就对未来 10 年的就业需求进行预测。当前，劳动统计局最新的预测成果是 2019 年发布的《2019—2029 年就业预测》

---

① OECD. Better skills, better jobs, better lives: a strategic approach to skills policies[R]. Paris: OECD Publishing, 2012.

# 第四章
## 劳动力市场对不同水平技能需求的预判

（*Employment Projections 2019-2029*）。劳动统计局主要使用一系列计量经济模型对未来的就业需求进行预测。具体而言，该预测可以划分为6个步骤：首先预测经济活动人口，其次预测国内生产总值及其构成，再次预测商品最终需求和分行业产出，最后预测分行业就业人数和分职业就业人数。可见，技能需求预测是一项庞大、专业而复杂的工作，需要人口、劳动、经济和统计等多个领域的专业协作。如图4-2所示，劳动统计局共有员工3500多名（华盛顿总部2000余名，7个地区办公室1500多名），下设4个业务部门（分别是就业和失业统计办公室、物价和生活条件办公室、工资与工作条件办公室、生产率与科技办公室）、4个服务部门（分别是技术和调查实施办公室、出版和专项研究办公室、田野调查办公室、调查方法办公室）和1个行政办公室。技能需求预测工作的开展，离不开每个部门的支持和参与。经过几十年的实践和发展，劳动统计局在技能需求预测方面已经形成一套完善的架构和流畅的工作流程。

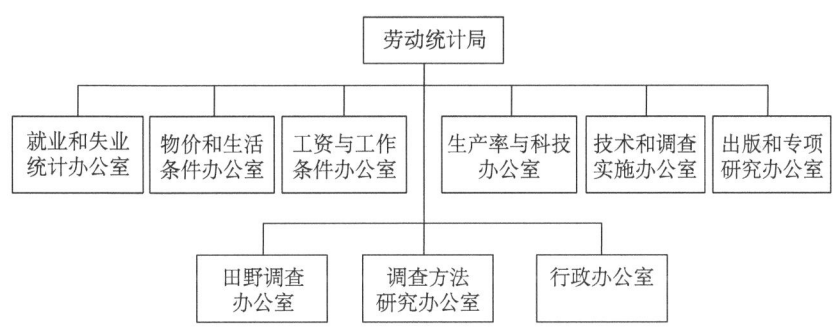

**图4-2 美国劳动统计局的组织结构**

从分行业就业需求转化为分职业就业需求，需要依据各行业就业人员的职业构成。职业就业统计调查（Occupational Employment Statistics）提供了这一部分的数据基础。劳动统计局每3年就对全国120万家用人单位进行调查，了解不同行业的职业构成及不同职业的工资收入。该调查覆盖全国，样本在全国具有代表性。不同职业的工资收入，本身也是重要的劳动力市场需求信息。

将分职业就业需求进一步转化为技能需求，需要依据各职业的从业要求信息。职业信息网络数据集提供了这一部分的数据基础。它通过劳动力调查和专家评判两种方式收集数据，在此基础上形成对每个职业的描述。具体而言，该数据集包含每一个职业的职业名称，工作活动内容，工作职责，需要掌握的知识、技能和能力，需要使用的工具和技术，受教育程度要求，工作环境，工作风格，工作价值，工资收入，行业分布和就业前景等。所有翔实的信息都通过互联网免费、公开、方便地供公众使用。

综上所述，技能需求预测、职业就业统计调查和职业信息网络数据集，共同构成美国技能需求识别体系的三大支柱。美国政府之所以愿意投入大量公共财政用于技能需求识别，并认为这些投入具有可观的成本收益，皆因为美国视技能需求识别为重要的公共产品，对个体人力资本投资、教育和培训项目改进、劳动生产率提高和社会和谐稳定都具有重要意义。

## （二）英国

为了审视国内技能发展水平及存在的问题，制定技能发展远景战略，英国于2006年发布《经济全球化背景下的共同繁荣——培养世界一流的技能》报告，即雷奇技能评估报告（Leitch Review of Skills）。该报告明确提出要建立以需求为导向的技能体系，畅通雇主表达技能需求的渠道，教育和培训要着重考虑雇主的技能需求。

宏观上，全国性的技能需求预测从未中断。英国从20世纪70年代开始就对劳动力市场技能需求进行预测，随后一直延续至今。其间，虽然英国政府机构经过多次反复重组与调整，技能需求预测的组织机构也发生多次更迭，但是无论政府机构如何改革，英国的技能需求预测都从未中断。目前，由英国政府出资，委托华威就业研究所（Warwick Institute for Employment Research）和剑桥计量经济咨询公司（Cambridge Econometrics）合作开展技能需求预测，每隔两到三年重新进行预测，并发布预测结果。最新的预测成果是《2014—2024年技能需求预测》（*Working Futures 2014-2024*），该成果包含分行业、分职业、分区域、分性别及分受教育程度的就业需求。2019年4月，新一轮的预测报告，即《2017—2027年技能需求预测》（*Working Futures 2017-2027*）发布。

中观上，组建行业技能委员会（Sector Skills Councils），为行业表达技能需求、参与技能政策制定搭建平台。目前全英国共有 25 个行业技能委员会，覆盖全英国约 85% 的劳动力。行业技能委员会是一个由政府出资、雇主主导的独立性组织。同一行业的雇主可以通过该组织，共同研究行业技能需求、制定岗位职责标准等。

微观上，开展全国性的雇主技能需求调查。这种方法有助于直接了解用人单位的技能需求，但雇主报告的往往是当前紧迫的技能需求，而非长远的技能需求。从 2011 年开始，英国每隔一年就开展全国性的雇主技能需求调查（Employer Skills Survey，在此之前有区域性的调查）。该调查和美国的职业就业统计调查虽然同为用人单位调查，但两者的意图不同，美国的职业就业统计调查重在了解不同行业的职业构成及不同职业的工资收入，而英国的雇主技能需求调查重在了解技能短缺情况。该调查将技能短缺分为两种情况：一是外部短缺，即劳动力市场中存在的技能短缺；二是内部短缺，即用人单位现有雇员存在的技能短缺。前者询问用人单位空缺岗位的职业类型、填补难度和产生原因等，后者对现有雇员的技能水平进行评估。

这样，英国建立起分别覆盖宏观、中观和微观的，以"技能需求预测、行业技能委员会和雇主技能需求调查"为主体的技能需求识别体系。

### （三）欧盟

欧盟是欧洲地区的区域性经济合作国际组织，现有成员国 28 个。在 21 世纪初，欧盟就意识到有必要对欧盟成员国进行统一的技能需求预测。2000 年，欧盟制定的 21 世纪第一个十年发展规划（《里斯本议程》）提出，要加强对欧盟成员国劳动力市场技能需求的预测。2008 年，欧盟委员会发布"新技能新工作：劳动力市场需求预测与供需匹配"的政策倡议。在该倡议下，欧盟成立了一个 10 人专家小组，负责对技能需求与供给进行研究，并为欧盟制定技能发展战略提供建议。2010 年，欧盟发布第二个十年发展规划，即"欧盟 2020 战略（Europe 2020）"。该战略提出，2020 年欧盟要实现 20~64 岁人群就业率由目前的 69% 提升至 75%。为了实现这一战略目标，识别劳动力市场技能需求，促进劳动力市场技能供需匹配就显得更加重要。

欧盟委员会委托欧洲职业培训发展中心（European Centre for the

Development of Vocational Training，Cedefop）开展技能需求预测研究，并组织开展欧盟范围内的技能需求识别。该中心始建于1975年，主要职责是开展欧盟职业教育政策研究。为了增进欧盟成员国开展统一技能需求识别的共识，促进相互之间的沟通和合作，从2002年开始，该中心多次召集成员国的相关研究者和决策者开展对话，从数据基础、统计方法、组织安排等多个方面推进统一的技能需求识别进程。

2008年，该中心发布第一份欧盟技能需求预测报告（预测到2015年）。2009年，该中心发布第一份欧盟技能供给预测报告（预测到2020年）。2010年，该中心发布《欧洲技能供给与技能需求中期预测：2020年》，首次将技能供给与技能需求的预测研究综合到一起。从此，该中心每隔一年就发布新的技能供需预测结果，并向欧盟及其成员国等递交预测报告，通过网络向全社会公布预测结果。目前，最新的预测年份是2018—2030年。

欧洲职业培训发展中心的技能需求预测使用与美国劳动统计局类似的预测方法。除此以外，欧洲职业培训发展中心还开展欧盟范围内的雇主技能需求调查。由于该调查成本高，而且具有一定的时滞（通常调查结果要在调查进行两年之后才能得到），2017年该中心表示，将运用大数据技术，对互联网上的海量、即时招聘信息进行数据挖掘，分析雇主的技能需求。该方法有助于获得最新的技能需求信息，而且成本低、见效快。尤其是在劳动力市场需求变化迅速的背景下，该方法还有助于监测出劳动力市场最新的岗位需求及一些崭露头角的新兴职业、新兴技能。

欧盟试图运用尽可能统一的数据来源和统一的方法，对成员国的技能需求进行识别，从而得出可以进行国际比较的结果，为欧盟制定区域技能发展战略及成员国更好地了解本国技能需求提供支撑。但是欧盟也表示，欧盟范围内统一的技能需求识别并不能替代各成员国自己开展的技能需求识别，后者具备更加丰富的基础信息，可以得出更加细致的结论。在欧盟的倡议和敦促下，欧盟大多数国家都建立起了本国的技能需求识别体系。

## 第三节 发达国家和国际组织技能需求预判的主要困难和应对经验

### 一、主要困难

虽然发达国家和国际组织技能需求预判取得重要进展，但也面临一些困难。深入分析这些困难的表现和成因，对我国具有重要借鉴意义。

#### （一）技能测量的两难困境

技能是指完成一项任务或活动所必须具备的知识、特征与潜能的集合，一个国家在一定时期内具备的技能总和，就构成这个国家的人力资本。[1] 可见，技能是对人力资本的直接测量。[2] 它改变了以往用受教育年限指标间接测量人力资本的做法，成为新人力资本研究和人力资本政策的重要方向。

但是，如何测量技能成为新的难题。一方面，直接测量技能能够更好地回答劳动力市场供需问题，但它也存在缺陷。具体包括：第一，技能类型多种多样，分别测量每一种技能不仅复杂，而且成本高。第二，技能的分类框架和测量方法没有达成共识，不同测量方法的结果不可比。第三，技能类型多种多样，直接测量技能的技能需求预判结果也相应复杂，为结果解读带来难度。教育和培训供给者（尤其是高等教育机构和职业教育机构）关心的是，如何通过专业设置和课程设计培养劳动力市场需要的职业技能，而对劳动力市场同样重视的通用技能和非认知技能缺乏关注。如何系统有效地培养非认知技能，仍然有待实践探索和深入研究。

另一方面，一些研究使用受教育年限、学历、专业或职业等指标间接地测量技能。这种做法简便、数据易得、成本低，而且容易解读。但是同间接测量人力资本的做法一样，间接测量技能的缺陷明显。受教育年限指标已被

---

[1] OECD. Better skills, better jobs, better lives: a strategic approach to skills policies[R]. Paris: OECD Publishing, 2012.

[2] AKERMAN A, GAARDER I, MOGSTAD M. The skill complementarity of broadband internet [J]. Quarterly journal of economics, 2015, 130（4）: 1781-1824.

诟病，学历或专业在获取时已经过时，相同学历或专业的个体之间技能差异可能很大，职业无法清晰地反映从事该职业所需的技能。归根结底，技能才是劳动力市场供需匹配的关键。①

技能测量的"两难"困境，导致技能需求预判中的"技能"与利益相关者决策所需的"技能"不匹配，② 为预判结果转化增添障碍。

## （二）预判结果的时滞缺陷

劳动力市场技能需求变化迅速，技能培养需要一定的周期，这要求技能需求预判结果能够传递最新的技能需求信息。然而由于以下原因，预判结果总是存在时滞。第一，受方法局限，一些预判方法识别的是劳动力市场当前或过去的技能需求，而非未来的技能需求。教育和培训供给者需要面向未来的劳动力市场培养技能，当前或过去的技能需求都无法准确描绘未来的技能需求。在技能需求预判方法中，只有定量模型预测法明确瞄准的是未来的技能需求，其他方法要么只能识别当前或过去的技能需求，要么在一定条件下才能识别未来的技能需求。定量模型预测法方法复杂，对数据基础的要求非常高，只有在较早建立完备的统计调查制度的国家才能开展。第二，无论使用哪种方法，从数据收集、数据分析和处理、结果形成，再到结果传播，中间都需要经历较长的过程。这个过程可能长达1~3年，进一步加剧时滞。预判结果的时滞缺陷，让利益相关者认为预判结果缺乏时效性，为预判结果转化再次增添障碍。

## （三）结果转化的"梗阻"难题

预判结果不会自然而然地转化为公共政策或个体决策，而需要进一步努力。预判结果向公共政策转化过程中更容易遭遇"梗阻"。除了技能测量困

---

① AKERMAN A, GAARDER I, MOGSTAD M. The skill complementarity of broadband internet [J]. Quarterly journal of economics, 2015, 130（4）: 1781-1824.
② OECD. Getting skills right: assessing and anticipating changing skill needs [EB/OL]. [2022-08-01]. http://www.oecd.org/publications/getting-skills-right-assessing-and-anticipating-changing-skill-needs-9789264252073-en.htm.

# 第四章
## 劳动力市场对不同水平技能需求的预判

难和预判结果时滞以外，以下原因也会形成结果转化过程中的"梗阻"。第一，预判结果本身不符合决策者的需求。有的预判结果过于宏观，无法为具体政策提供指导；有的预判结果过于微观，无法为宏观决策提供依据。第二，预判结果没有得到有效传播。有的研究者只重视研究过程，忽视结果呈现和结果传播；有的预判结果没有以用户友好的形式呈现，导致决策者难以充分理解预判结果；有的研究者缺乏将结果传播给决策者的途径。第三，技能政策涉及教育、人力资源和社会保障等多个部门，跨部门的沟通和协调困难。结果转化的"梗阻"难题，直接威胁预判结果的价值，影响技能需求预判的持续开展。

## 二、应对经验

在应对上述困难的过程中，发达国家和国际组织逐渐积累了丰富的经验，可以为我国提供借鉴。

### （一）加强职业技能标准研究，促进技能分类框架的统一

一方面，加强职业技能标准研究，建立职业和技能之间的相互转化关系。技能需求预判结果经常表现为分职业的就业需求，建立职业技能标准就可以将分职业的就业需求转化为技能需求。美国职业信息网络数据集是职业技能标准研究的典范。该数据集利用从业者调查法和专家评判法，形成了每个职业从业技能要求的定量描述，为开展量化研究和比较研究提供了便利。该数据库成为世界各国研究职业技能标准和劳动力市场技能需求的重要数据来源。[①] 加拿大、意大利和法国等国也建立起相应的职业技能标准。

另一方面，加强技能分类框架和测量方法的理论研究，提高不同研究结果的可比性。例如，欧洲技能、资格和职业分类（European Skills/Competences, Qualifications and Occupations, ESCO）在借鉴欧盟成员国、美国和加拿大的技能分类基础上，进一步提高与美国职业信息网络的可比性。

---

① ROB W. Lessons from America: a research and policy briefing [EB/OL]. [2022-08-01]. https://core.ac.uk/reader/4152387.

经济合作与发展组织的工作技能数据库直接使用美国职业信息网络的技能分类框架,使二者结果可比。随着发达国家和国际组织技能测量实践的推进,一个跨国可比的技能分类框架有望形成。

(二)重视开展定量模型预测,加强劳动力市场大数据研究

一方面,不断完善基础数据,为开展定量模型预测积累条件。定量模型预测需要依据多个部门的长时间序列数据,具体包括:国民经济账户、分部门产出和分类型投入等;分行业、分职业和分受教育程度的就业数据;分性别、分年龄段和分职业的就业数据;人口变化数据;教育事业数据,如入学率和毕业率等。[①]数据来源多种多样,包括人口普查、经济普查、劳动力调查、雇主调查和行政数据集(如社保和个税数据)等。发达国家和国际组织一方面加强基础数据建设,重视开展定量模型预测;另一方面通过专家评判法等质性方法,对定量数据进行补充。

另一方面,加强劳动力市场大数据研究,缩短预判时滞。大数据具有海量样本、动态性和即时性等特征。劳动力市场大数据研究可以避免传统调查研究成本高、时间滞后等弱点,还能敏锐捕捉劳动力市场新出现的职位和技能需求。发达国家和国际组织重视运用大数据分析法开展技能需求预判。例如,欧洲职业培训发展中心在3年试点的基础上,于2017年正式发起"劳动力市场技能需求即时信息:建立欧盟劳动力市场大数据"项目,开展欧盟范围内、32种语言的劳动力市场大数据研究。2019年,国际劳工组织召开"大数据在技能需求预判中的应用"研讨会,分析大数据在技能需求预判中的应用潜力、困难和对策。

(三)确保利益相关者参与,建立预判结果转化的监测与评价机制

一方面,从预判方案设计开始,全程吸引利益相关者参与。利益相关者

---

[①] ETF, Cedefop, ILO. Developing skills foresights, scenarios and forecasts: guide to anticipating and matching skills and jobs volume 2[EB/OL]. [2022-08-01]. https://www.ilo.org/skills/areas/skills-training-for-poverty-reduction/WCMS_534328/lang--en/index.htm.

包括相关的政策制定部门、教育和培训供给者、雇主和行业组织等。利益相关者共同对预判方案设计、数据收集和分析过程、报告撰写（尤其是政策建议部分）和结果呈现方式等提供建议，达成共识，有助于确保预判结果符合利益相关者的使用需求，提高利益相关者对预判结果的理解程度，促进预判结果转化。利益相关者参与的途径既包括正式途径，如组建技能委员会或技能小组等，也包括非正式、临时性途径，如举办研讨会或咨询会等。例如，挪威的统计部门在开展技能需求预测时，要求教育和就业部门全程参与；比利时在技能需求预判与公共政策制定之间建立"旋转门"机制，即政策制定者参与技能需求预判过程，技能需求预判专家也参与政策制定过程。[①]

另一方面，建立预判结果转化的监测与评价机制，为预判结果转化提供保障。预判结果的形成并不是预判活动的终止，而需要进一步监测预判结果的转化进度。发达国家和国际组织常用的监测与评价方法包括：监测技能需求信息网站的使用频次和使用特征；开展利益相关者调查，了解他们的使用体会和建议；监测各项基础调查的应答率情况；委托第三方开展正式的监测与评价，系统评价预判结果的转化情况；将预判结果转化情况作为下一轮预判活动预算拨款的依据。

## 第四节 我国技能需求预判的现状与改进建议

技能供需不匹配已经成为困扰我国劳动力市场的主要矛盾。[②] 技能需求信息匮乏，是技能供给侧对技能需求侧响应不灵敏的重要原因之一。在我国"人口红利"逐渐消失、努力实现更加充分更高质量就业、建设人力资源强国和人才强国、促进经济转型升级的背景下，加强技能需求预判、促进技能供需

---

① ILO, OECD. Approaches to anticipating skills for the future of work [EB/OL]. [2022-08-01]. https://www.ilo.org/global/about-the-ilo/how-the-ilo-works/multilateral-system/g20/reports/WCMS_646143/lang--en/index.htm.
② 我国就业总量压力将减小甚至消失 劳动力技能与需求不匹配仍为主要矛盾 [J]. 职业技术, 2007（2）：21.

匹配具有重要意义。

## 一、我国技能需求预判的现状

我国已有一些技能需求预判实践。如表4-2所示,教育行政部门及其他行政部门、公共就业服务机构、高校或科研机构、市场化的咨询公司等主体利用多种方法开展技能需求预判。这些预判活动提供了重要的技能需求信息,但是与发达国家和国际组织相比,我国技能需求预判还存在以下不足。

第一,技能需求预判主要为政府决策服务,公共服务职能尚未充分发挥。从表4-2的实践举例来看,我国已有的技能需求预判主要为政府决策服务,为教育和培训供给者、生涯规划指导者、人力资本投资者、求职者和人力资源管理者等公众服务的职能不明显。

表4-2 我国已有的技能需求预判实践举例

| 预判方法 | 现有实践举例 | 侧重借鉴的典型国家或地区 |
|---|---|---|
| 劳动力市场信息监测 | 中国人力资源市场信息监测中心开展的全国100个城市公共就业服务机构市场供求信息监测 | 美国 |
| 雇主技能需求调查 | ①教育部开展的用人单位调查;<br>②麦可思公司开展的用人单位评价调查 | 英国 |
| 毕业生调查 | ①教育部开展的高校毕业生调查;<br>②麦可思公司开展的应届毕业生跟踪监测 | 德国 |
| 定量模型预测 | 使用就业弹性法开展的劳动需求预测 | 美国 |
| 行业分析 | ①教育部职业技术教育中心研究所发布的《行业人才需求与职业院校专业设置指导报告》;<br>②教育部等三部门印发的《制造业人才发展规划指南》 | 英国 |
| 质性方法 | 教育部办公厅等七部门印发的《关于教育支持社会服务产业发展 提高紧缺人才培养培训质量的意见》 | 澳大利亚 |
| 大数据分析 | 中国人民大学就业研究所利用网络招聘平台大数据构建中国就业市场景气指数等 | 欧盟 |

第二，各主体单打独斗，利益相关者共同参与技能需求预判的局面尚未形成。利益相关者参与技能需求预判的治理意识薄弱，治理能力欠缺，治理机制不完善。具体表现包括：跨部门协调机制不完善，部门间合力难以形成；行业组织力量薄弱，在政府、企业和学校中扮演中介角色的作用有待加强；高校或科研机构开展技能需求预判时难以吸引其他主体参与；企业参与技能需求预判的机制不健全等。

第三，技能需求监测较多，宏观的定量模型预测较少。定量模型预测法瞄准未来的技能需求，而且具有量化、系统和可比等优势。但是由于基础数据不完备，我国现有的技能需求预判主要使用劳动力市场信息监测法、毕业生调查法和雇主技能需求调查法等方法，这些方法识别的是当前或过去的技能需求。一些研究使用就业弹性法预测劳动需求，但是该方法的预测结果准确与否，取决于就业弹性的设定。[①] 不同方法预判结果之间的相互补充和验证也较少。

第四，预判结果的公开和转化力度不够，削弱了技能需求预判的影响力。一些预判结果被视为私有产品，不对外公开，或是有条件对外公开、要求付费使用。一些预判结果被长期搁置，没有充分发挥价值。我国缺乏一个系统全面、面向公众、用户友好的技能需求信息平台，利益相关者无处获取可靠的技能需求信息。

## 二、改进建议

为了改进我国技能需求预判现状，为利益相关者提供系统、有效的技能需求信息，本书提出如下对策建议。

第一，强化技能需求预判的公共服务属性。就业是民生之本。政府应当承担起技能需求预判的顶层设计者、组织协调者、参与者和资助者角色，保障预判活动持续开展和预判结果充分公开。政府需要转变角色定位，从技能需求信息的使用者转变为技能需求信息的供给者，促进技能需求预判从为决

---

① 张车伟，蔡翼飞. 中国"十三五"时期劳动供给和需求预测及缺口分析[J]. 人口研究，2016，40（1）：38-56.

策提供临时服务转化为为公众提供可持续信息。

第二，健全利益相关者共同参与技能需求预判的机制。弘扬"我需要、我参与、我提供、我使用"的文化，鼓励利益相关者共同参与技能需求预判。由政府牵头，建立教育、人力资源和社会保障等部门共同参与的跨部门协调机制。通过授权、委托等方式，扶持行业组织开展技能需求预判。鼓励教育和培训供给者自主或联合开展毕业生调查。在产教协同中更好地了解雇主的技能需求，将雇主参与作为评价企业履行社会责任的重要体现。

第三，加强基础数据库建设。针对定量模型预测所需的数据类型和规格，查漏补缺，逐步完善基础数据。完善统计调查制度，规范相关基础调查。加强现有数据的整合，促进政府部门、科研机构和行业组织之间的数据共享。加强劳动力市场大数据研究。

第四，建立预判结果的公开和转化机制。建立一个统一的技能需求信息平台，集中发布和更新技能需求信息。重视信息的可视化和定制化呈现，强化平台的互动功能。针对不同利益相关者的需求，综合使用传统媒体和新媒体等渠道，提供精准化和个性化的信息推送。将预判结果的公开和转化情况作为财政继续支持技能需求预判的重要参考依据之一。

# 第五章
# 劳动力市场对不同类型技能需求的变化趋势

劳动力市场除了对劳动者的技能水平提出一定要求以外，对劳动者的技能类型也有一定要求。只有掌握与劳动力市场需求相匹配的技能类型，才能提高个体的就业能力，缓解结构性失业。已有研究常用以下 4 种方法分析劳动力市场对不同类型的技能需求：第一，基于劳动力调查和工作任务分析法，分析岗位对劳动者的技能需求；第二，基于雇主技能需求调查法，分析用人单位对不同类型技能的需求；第三，将职业结构的变动与职业技能标准相结合，分析宏观层面的技能需求；第四，基于微观数据，分析不同类型技能对个体劳动力市场结果的影响，从而验证劳动力市场对不同类型技能的需求。

由于我国缺乏历时性劳动力技能调查，因此本研究无法使用第 1 种方法分析劳动力市场对不同类型技能需求的变化趋势。世界银行组织的 STEP 测试在我国云南省昆明市进行了雇主技能需求调查，但是该数据库暂未对外公布，所以本研究也无法使用第 2 种方法。在数据可得性受限的条件下，本研究首先使用第 3 种方法分析劳动力市场对不同类型技能需求的变化趋势，然后使用第 4 种方法分析不同类型技能的劳动力市场回报。在使用第 3 种方法时，本章将我国就业人员的职业结构变迁数据与美国职业信息网络数据集相结合，分析劳动力市场对不同类型技能需求的变化趋势。这种方法被许多研究者使用，并得到了一些有意义的结论。

本章的结构安排如下：首先，介绍数据来源和计算方法；其次，呈现我国劳动力市场对不同类型技能需求的变化趋势，并使用微观数据分析不同类型技能的经济回报变化；再次，将国内外研究的结果进行对比，并指出其对

未来我国劳动力市场对不同类型技能需求的启示;最后,对本章进行总结。

## 第一节 数据来源和计算方法

### 一、数据来源

(一)美国职业信息网络数据集介绍

美国职业信息网络数据集由美国劳动部就业和培训管理处牵头搭建。通过劳动力调查和专家评判两种方式,收集与职业相关的信息。在此基础上,该数据库从从业者特征和工作本身特征两方面描述每个职业。前者包括个人特征、从业要求、经验要求等,后者包括工作要求、具体的工作活动、劳动力队伍特征等(具体内容如表5-1所示)。例如,该数据库对每个职业所需的教育水平与培训要求有详细的说明。它将所有职业按照所需要的受教育程度分为无须教育、高中、副学士、学士、硕博士等5个层次,每个职业需要哪一级教育,都有相应要求。

而且,该数据库包含的所有信息都实现网络化,在官方网站上[①]免费发布。读者可以按照职业代码、职业名称、职业大类等关键词,方便快捷地进行检索,得到自己所需的独特报告内容。这与以往的纸质媒介不同,纸质媒介的格式内容是固定的,无法根据读者的兴趣和需要进行个性化定制。采取网络化的形式,还有利于节省印刷成本,方便对数据库及时进行更新。

从1938年出版第一本职业名称辞典[②]开始算起,到1997年O*NET的问世,再到现在,美国的国家职业标准已经有80多年历史。可以说,该数据库以其成熟的特性,被受教育者、求职者、学校、用人单位等广泛使用,其不仅是美国国内最权威的职业信息来源,也是国际上研究职业标准、职业技能需求的重要参考依据。

---

① 网址为 https://www.onetonline.org/。

② 即 DOT,O*NET 的前身。

表 5-1 美国职业信息网络数据集对职业的描述

| 一级维度 | 二级维度 | 具体内容 |
| --- | --- | --- |
| 从业者特征 | 个人特征 | 能力、职业兴趣、职业价值观、工作风格 |
| | 从业要求 | 基本技能、通用技能、知识、受教育程度 |
| | 经验要求 | 经验和培训要求、入门条件的基本技能、入门条件的通用技能、证书 |
| 工作本身特征 | 工作要求 | 工作环境、组织环境、工作活动 |
| | 具体的工作活动 | 工作任务、使用的工具和技术 |
| | 劳动力队伍特征 | 目前的就业情况、未来就业前景 |

## （二）中国综合社会调查介绍

中国综合社会调查（Chinese General Social Survey，CGSS）由中国人民大学中国调查与数据中心负责执行。该调查从 2003 年起，每年对中国大陆各省、自治区、直辖市多个家庭进行连续性的横截面调查，是我国最早的全国性、综合性、连续性学术调查项目。它采用多阶分层 PPS 随机抽样法，抽取了遍布全国 28 个省、自治区、直辖市约 10 000 人，全面地收集社会、社区、家庭和个人多层次的数据。调查内容包括个体受教育水平、性别、职业、收入和工作经验等信息，并采用国际标准职业分类（ISCO88）对职业进行编码，有利于与国外研究进行比较。

## 二、计算方法

### （一）劳动力市场对不同类型技能需求的计算

美国职业信息网络数据集对每个职业所需的各种类型的技能进行了细致的测量。将该数据库与我国就业人员的职业结构变迁数据相结合，可以分析劳动力市场对不同类型技能需求的变化趋势。具体的计算步骤和方法如下。

第一，将技能划分为非程序性的非认知技能、非程序性的认知技能、程序性的认知技能、非程序性的身体技能、程序性的身体技能等 5 种类型，计算每个职业对 5 种类型技能的需求。此处的需求,是指某一项技能对从事某种职业而言的重要性(importance)。为了与已有研究进行对比,本研究采用已有研究的方法,选择该数据库中的 16 道题目,分别测量第二章表 2-5 第二列中的 16 项特征,由此得出每个职业对 5 种类型技能的需求。例如,非程序性的认知技能由"具有创造性的思维"、"分析数据或信息"和"理解外界信息"3 个方面构成。小学教师职业对"具有创造性的思维"技能的重要性评分为 82,对"分析数据或信息"技能的重要性评分为 70,对"理解外界信息"技能的重要性评分为 63,满分均为 100。那么,小学教师职业对非程序性的认知技能的重要性评分为 71.67(前三者的算术平均)。依此类推,得出每个职业对 5 种类型技能的需求。

第二,将美国职业信息网络数据集所使用的职业大类与我国的职业大类进行匹配。美国职业信息网络数据集使用的职业分类标准是 O*NET-SOC,即在 SOC(Standard Occupational Classification,美国职业分类标准)基础上有所修改和调整的职业分类标准。该分类标准将所有职业划分为 23 个职业大类[①]、97 个职业中类、461 个职业小类、1110 个具体职业。该数据库提供了其中 974 个职业的信息。本研究将中美两国的职业在职业大类层面对应起来,对应结果如表 5-2 所示。

表 5-2 中美两国职业大类的对应方法

| 中国的职业大类 | O*NET-SOC 的职业大类 |
| --- | --- |
| 单位负责人 | 管理类职业 |
| 专业技术人员 | 商业和金融事务类职业,<br>计算机和数学职业,<br>建筑(设计)和工程类职业,<br>生命、自然和社会科学类职业,<br>法律类职业,<br>教育、培训和图书馆相关职业,<br>艺术、设计、娱乐、体育和传媒类职业,<br>医疗卫生专业人员 |

---

① 其中一类为军人,不在研究范围之内。

续表

| 中国的职业大类 | O*NET-SOC 的职业大类 |
|---|---|
| 办事人员和有关人员 | 社会保护服务类职业，<br>办公、行政支持类职业 |
| 商业和服务业人员 | 社区和社会服务，<br>医疗卫生辅助服务人员，<br>食品加工和餐饮相关职业，<br>建筑物和地面清洁与维护，<br>个人保健和服务人员，<br>销售及相关职业 |
| 农林牧渔和水利业生产人员 | 农业、林业和渔业类职业 |
| 生产运输设备操作人员及有关人员 | 生产类职业，<br>运输及物流类职业，<br>安装、维护和维修类职业，<br>建筑和采掘人员 |

第三，计算每个职业大类对 5 种类型技能的需求。将每个职业大类下包含的所有职业对 5 种类型技能的需求进行算术平均，得出每个职业大类对 5 种类型技能的需求。

第四，计算我国就业人员的职业大类结构变迁情况。具体方法是，基于第 4、第 5、第 6 次人口普查数据，分别得出 1990 年、2000 年和 2010 年我国就业人口的职业大类构成变化（表 5-2）。

第五，假定我国各职业大类对 5 种类型技能的需求与美国相同，分别计算 1990 年、2000 年和 2010 年我国劳动力市场对 5 种类型技能的总需求。如式（5-1）所示，$D_{it}$ 为 $t$ 年对 $i$ 类技能的总需求，$P_{ot}$ 为 $t$ 年 $O$ 职业大类就业人员占就业人员总数的比重，$S_{oi}$ 为 $O$ 职业大类对 $i$ 类技能的需求。将每个职业大类对 $i$ 类技能的需求进行加总，即可得到整个劳动力市场对 $i$ 类技能的总需求。假定 1990—2010 年各职业大类对从业者技能的需求不变，即 $S_{oi}$ 在 1990—2010 年不发生改变，便可分别得出 1990 年、2000 年和 2010 年劳动力市场对每一种类型技能的总需求（$D_{it}$）。在此基础上，就可以针对我国劳动力市场对5种类型技能需求的变化趋势进行分析。

$$D_{it} = \sum P_{ot} \times S_{oi} \circ \quad (5-1)$$

## （二）不同类型技能回报的计算

本章基于CGSS数据，分析不同类型技能的工资回报及其变化趋势。具体方法是，假定个体从事职业所需的技能即为个体拥有的技能，即将职业所需技能作为个体技能的代理变量，在传统的明瑟收入方程中加入技能变量，探究不同类型技能的工资回报。

基本模型如式（5-2）所示。$Y$表示工资性收入的对数，$S$表示受教育年限，$NRCOG$表示非程序性认知技能，$NRNCOG$表示非程序性非认知技能，$RCOG$表示程序性认知技能，$RMAN$表示程序性身体技能，$NRMAN$表示非程序性身体技能，$EXP$表示工作经验，$EXP^2$表示工作经验的平方，$X$表示其他控制变量，$\varepsilon$表示随机项。$\beta_2$、$\beta_3$、$\beta_4$、$\beta_5$、$\beta_6$分别为5种不同类型技能的工资回报。本章分别使用2010—2013年这4年数据进行回归，分析不同类型技能回报的变化趋势。

$$Y = \beta_0 + \beta_1 S + \beta_2 NRCOG + \beta_3 NRNCOG + \beta_4 RCOG + \beta_5 RMAN + \beta_6 NRMAN + \beta_7 EXP + \beta_8 EXP^2 + \beta_9 X + \varepsilon \circ \quad (5-2)$$

## 第二节 我国劳动力市场对5种不同类型技能需求的变化趋势

根据上述计算方法，本章首先得出不同职业大类对5种类型技能的需求，然后分析整个劳动力市场对5种类型技能的需求变化趋势。

### 一、不同职业大类对5种类型技能的需求

表5-3呈现了不同职业大类对5种类型技能的需求。可以看出，单位负责人、专业技术人员对非程序性认知技能、非程序性非认知技能、程序性认

知技能的需求较高,对程序性身体机能、非程序性身体技能的需求较低。办事人员和有关人员对程序性认知技能的需求较高,对其他技能的需求较低。商业和服务业人员对程序性认知技能、非程序性非认知技能的需求较高,对其他技能的需求较低。农林牧渔和水利业生产人员、生产运输设备操作人员及有关人员对程序性认知技能、程序性身体技能、非程序性身体技能的需求较高,对其他技能的需求较低。

表 5-3 不同职业大类对 5 种类型技能的需求

| | 非程序性认知技能 | 非程序性非认知技能 | 程序性认知技能 | 程序性身体技能 | 非程序性身体技能 |
|---|---|---|---|---|---|
| 单位负责人 | 68.27 | 71.50 | 70.63 | 28.89 | 20.61 |
| 专业技术人员 | 68.23 | 56.04 | 73.08 | 30.07 | 22.96 |
| 办事人员和有关人员 | 53.14 | 51.04 | 75.43 | 41.10 | 35.69 |
| 商业和服务业人员 | 50.07 | 54.17 | 66.91 | 39.27 | 33.15 |
| 农林牧渔和水利业生产人员 | 40.47 | 46.33 | 63.98 | 58.71 | 55.31 |
| 生产运输设备操作人员及有关人员 | 47.62 | 47.41 | 67.31 | 62.16 | 57.74 |

数据来源:本研究根据美国 O*NET 数据集计算得出。

## 二、我国劳动力市场对 5 种类型技能的需求

将表 3-2 与表 5-3 相结合,可以得出我国劳动力市场对不同类型技能需求的变化趋势。如图 5-1 所示,我国劳动力市场对非程序性认知技能、非程序性非认知技能、程序性认知技能的需求呈上升趋势,对程序性身体技能、非程序性身体技能的需求呈下降趋势。这与过去 20 年我国职业大类结构的变迁特点有关。1990—2010 年,我国农林牧渔和水利业生产人员在就业人员总体中所占比重下降了 22.27 个百分点。这是我国职业大类结构变化最显著的特征,也可能是导致我国劳动力市场对程序性身体技能、非程序性身体技能的

需求下降,对非程序性认知技能、非程序性非认知技能、程序性认知技能的需求上升的重要原因。未来,随着我国就业人员中单位负责人、专业技术人员的比重上升,劳动力市场对非程序性认知技能、非程序性非认知技能的需求将会进一步上升。

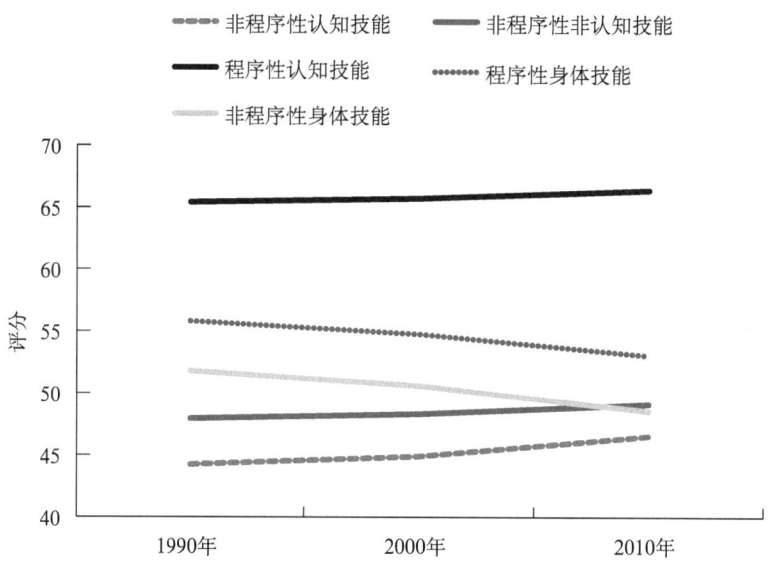

图 5-1 我国劳动力市场对不同类型技能需求的变化趋势

从技能需求的绝对量来看(图 5-1 中各曲线在垂直方向上的相对位置),我国劳动力市场对程序性认知技能的需求最高,遥遥领先于其他类型的技能。其次为程序性身体技能和非程序性身体技能。不过,这两种类型的技能需求呈下降趋势,可能会被非程序性非认知技能和非程序性认知技能赶超(2010年,非程序性非认知技能的需求量已经超过非程序性身体技能)。

程序性认知技能主要应用于重复性、注重准确性或精准度、结构化程度高的工作。从表 5-3 来看,各职业大类对程序性认知技能的需求都较高。但是,它比较容易被计算机技术取代,随着我国计算机技术的进一步发展和普及,未来我国劳动力市场对程序性认知技能的需求可能下降。

## 三、不同类型技能的劳动力市场回报变化

本章首先基于 CGSS 数据，分析不同受教育程度劳动者不同类型技能的均值情况。研究发现，无论哪一年的数据均显示，劳动者的非程序性认知技能随着受教育程度的提高而上升，劳动者的程序性身体技能、非程序性身体技能随着受教育程度的提高而下降；劳动者的非程序性非认知技能也随着受教育程度的提高而上升，但是大学本科学历劳动者的非程序性非认知技能最高，其次为研究生以上学历劳动者。

在传统的明瑟收入方程中加入 5 种不同类型技能变量，以此探究不同类型技能的工资回报（表 5-4）。袁玉芝、杜育红[①]研究发现，无论哪一年的数据均显示，在模型中加入技能变量后，受教育程度变量仍然对工资有显著的正向影响，但正向影响减弱。非程序性认知技能、非程序性非认知技能、程序性认知技能对劳动者的工资产生正向影响，程序性身体技能和非程序性身体技能对劳动者的工资产生负向影响。除了程序性认知技能对工资的正向影响随着时间推移不断提高以外，其他类型技能对工资的影响处于波动状态。结合图 5-1 可知，我国劳动力市场对程序性认知技能的需求最高，这也解释了为何程序性认知技能的工资回报一直较高。

表 5-4 不同类型技能的工资回报[①]

|  | 不加入技能变量 | 加入技能变量 | | | |
| --- | --- | --- | --- | --- | --- |
|  | 2010 年 | 2010 年 | 2011 年 | 2012 年 | 2013 年 |
| 初中 | 0.199*** | 0.150*** | 0.036 | 0.267*** | 0.114*** |
| 高中 | 0.419*** | 0.301*** | 0.219*** | 0.417*** | 0.313*** |
| 大学专科 | 0.825*** | 0.589*** | 0.534*** | 0.709*** | 0.482*** |
| 大学本科 | 1.159*** | 0.873*** | 0.790*** | 0.924*** | 0.717*** |
| 研究生及以上 | 1.686*** | 1.362*** | 1.173*** | 1.399*** | 1.243*** |
| 非程序性认知技能 |  | 0.140*** | 0.072 | 0.158*** | 0.040 |

---

[①] 袁玉芝，杜育红．人工智能对技能需求的影响及其对教育供给的启示——基于程序性假设的实证研究 [J]．教育研究，2019，40（2）：113-123．

续表

|  | 不加入技能变量 | 加入技能变量 | | | |
| --- | --- | --- | --- | --- | --- |
|  | 2010年 | 2010年 | 2011年 | 2012年 | 2013年 |
| 非程序性非认知技能 |  | 0.237*** | 0.112 | 0.101* | 0.169*** |
| 程序性认知技能 |  | 0.160*** | 0.175*** | 0.015 | 0.183*** |
| 程序性身体技能 |  | −0.124** | −0.250*** | −0.051 | −0.211*** |
| 非程序性身体技能 |  | −0.077 | 0.042 | −0.042 | −0.011 |

注：*、**、***分别表示通过0.1、0.05、0.01显著性水平检验。模型还控制了工作经验、工作经验平方项、性别、区域、行业和单位性质等变量，此表没有汇报这些变量的结果。

## 第三节　国内外劳动力市场对不同类型技能需求的趋势对比

本节将国内外劳动力市场对不同类型技能需求的趋势进行对比，试图发现相同点和不同点，在此基础上对我国未来不同类型技能的需求进行展望。

如表5-5所示，我国劳动力市场对不同类型技能的需求趋势与Cristian Aedo等的研究结果较为一致。Cristian Aedo等对30个国家的技能需求进行横向比较发现，人均国民收入水平越高的国家，对身体技能的需求越低，对非程序性认知技能和非程序性非认知技能的需求越高。

本研究的结果与其他研究结果的差异主要在于程序性认知技能和非程序性身体技能的变化趋势。其他研究得出，对程序性认知技能的需求呈下降趋势，对非程序性身体技能的需求呈上升趋势，本研究的结果正好与之相反。差异产生的原因可能在于，其他几份研究的对象是美国、德国等发达资本主义国家。这两个国家已经进入后工业化发展阶段，其产业结构、技术发展水平等与我国存在较大差异。科学技术的高度发达，尤其是计算机技术在工作场所的普遍应用，导致许多程序性的工作任务被技术所取代，劳动力市场对程序性认知技能的需求减少。随着人均收入水平的提高，中、高收入者对低端服务业（如家政服务等）的需求增加，导致劳动力市场对非程序性身体技能的需求增加。而我国总体处于工业化中后期，工业化进程仍在进行中，工业化发展不平衡不充分问题比较突出。随着我国工业化向高级阶段迈进，深度工业化、绿色

# 第五章
## 劳动力市场对不同类型技能需求的变化趋势

工业化和数字工业化不断发展,劳动力市场就业结构将进一步发生深刻改变。未来可能和其他发达国家一样,我国劳动力市场对程序性认知技能的需求会下降,对非程序性身体技能的需求会增加。

表 5-5 劳动力市场对不同类型技能需求的研究结论对比

| 研究者 | 研究对象 | 非程序性认知技能 | 程序性认知技能 | 非程序性非认知技能 | 程序性身体技能 | 非程序性身体技能 |
|---|---|---|---|---|---|---|
| David Autor（2003） | 美国 | 上升 | 下降 | 上升 | 下降 | 上升 |
| Alexandra Spitz（2004） | 德国 | 上升 | 下降 | 上升 | 下降 | 不明确 |
| Daron Acemoglu 和 David Autor（2011） | 美国 | 上升 | 下降 | 上升 | 下降 | 上升 |
| Cristian Aedo 等（2013） | 30个国家 | 上升 | 不明确 | 上升 | 下降 | 下降 |
| | | 上升 | 不明确 | 上升 | 不明确 | 不明确 |
| 本研究 | 中国 | 上升 | 上升 | 上升 | 下降 | 下降 |

## 第四节　本章小结

本章将我国就业人员的职业结构变迁数据与美国职业信息网络数据集相结合,分析我国劳动力市场对不同类型技能需求的变化趋势。通过分析,本章得到如下结论。

第一,不同职业大类对5种类型技能的需求不同。具体而言,单位负责人、专业技术人员对非程序性认知技能、非程序性非认知技能、程序性认知技能的需求较高,对程序性身体机能、非程序性身体技能的需求较低。办事人员和有关人员对程序性认知技能的需求较高,对其他技能的需求较低。商业和服务业人员对程序性认知技能、非程序性非认知技能的需求较高,对其他技能的需求较低。农林牧渔和水利业生产人员、生产运输设备操作人员及有关人员对程序性认知技能、程序性身体技能、非程序性身体技能的需求较高，对其他技能的需求较低。

第二，1990—2010年，我国劳动力市场对不同类型的技能需求表现出如下趋势：对非程序性认知技能、非程序性非认知技能、程序性认知技能的需求上升，对程序性身体技能、非程序性身体技能的需求下降。

第三，从技能需求的绝对量来看，我国劳动力市场对程序性认知技能的需求最高，其次为程序性身体技能和非程序性身体技能。不过，后两种类型的技能需求呈下降趋势，可能会被非程序性非认知技能和非程序性认知技能赶超。

第四，在明瑟收入方程中加入技能变量后，受教育程度变量对劳动者工资的正向影响减弱。非程序性认知技能、非程序性非认知技能、程序性认知技能对劳动者的工资产生正向影响。2010—2013年，程序性认知技能对劳动者工资的正向影响不断增大，反映了我国劳动力市场对程序性认知技能的旺盛需求。

第五，通过国际比较及对我国未来产业结构、科技发展水平的预估，本研究认为，未来我国劳动力市场对程序性认知技能的需求将会下降，对非程序性身体技能的需求将会上升。

# 第六章
# 人工智能背景下社会交往能力的劳动力市场价值

人工智能作为新一轮科技革命和产业变革的核心驱动力,正在深刻改变人类社会生活,改变世界。人工智能对劳动力市场的冲击,引发人类关于"机器换人"的担忧。英国牛津大学的研究者量化评估了各职业被人工智能替代的风险,发现美国47%的就业岗位存在被人工智能替代的风险,自动化风险低的工作是需要创造能力和社会交往能力的工作。[1]世界经济论坛的预测表明,2030年劳动力市场对社会交往能力的需求将增长24%,对身体能力和基础认知能力的需求将减少15%。[2]如果社会交往能力是人类与人工智能抗衡的重要能力之一,那么有必要反思当前的社会交往能力培养。

从理论层面而言,基于能力的新人力资本研究将非认知能力推向人力资本研究的中心。非认知能力包含多种多样的能力,它的分类框架和测量方法也没有达成共识。[3]这阻碍人们进一步认识非认知能力——到底哪种非认知能力具有较高的经济价值和社会价值,如何干预非认知能力的形成?在人工智能背景下,社会交往能力(social skills)作为人工智能短时间内难以替代的能力,被认为是劳动力市场广泛需求的能力,受到研究者的关注。

本章基于上述两方面背景,试图研究人工智能背景下中国劳动力市场中

---

[1] CARL B F, MICHAEL A O. The future of employment: how susceptible are jobs to computerisation? [J]. Technological forecasting and social change, 2017, 114(1): 254-280.

[2] McKinsey Global Institute. Skill shift: automation and the future of the workforce[EB/OL]. [2022-08-01]. https://www.mckinsey.com/featured-insights/future-of-work/skill-shift-automation-and-the-future-of-the-workforce.

[3] 周金燕. 非认知技能的概念及测量进展[J]. 全球教育展望,2020,49(5): 53-66.

社会交往能力的价值。我国作为世界第二大经济体和制造业大国，正在加快建设成为创新型国家和世界科技强国，较早部署人工智能的发展。我国《新一代人工智能发展规划》提出，2030年我国人工智能理论、技术与应用总体达到世界领先水平。自2013年起，中国机器人使用量已位居世界第一。[①] 在此背景下，研究人工智能对中国劳动力市场技能需求的影响，具有现实意义。

本章的结构安排如下：一是理论分析与文献综述；二是模型设定、数据来源与描述统计；三是实证结果；四是本章小结。

## 第一节 理论分析与文献综述

本章首先从理论层面分析人工智能对劳动力市场技能需求的影响，然后对社会交往能力的劳动力市场价值进行文献综述。

### 一、人工智能对劳动力市场技能需求的影响

人工智能是指在计算系统中模拟、延伸和扩展人类在执行任务时所需的智能，以完成或辅助人类完成智能工作。人类历史上，以蒸汽机技术为代表的第一次工业革命拓展了人类的体力，但它的智能为零；以人工智能等为代表的第二次机器革命，试图拓展和延伸人类的智能。[②] 机器获得智能，主要依靠大数据和智能算法。近年来，由于数字信息供给的大幅增加和计算能力的爆炸式增长，人工智能获得突破式发展，人工智能对复杂认知能力的替代性不断增强（如围棋机器人战胜世界围棋冠军、自动写作技术和专家诊疗系统等）。

但是，人工智能短时间内难以模拟人类的社会交往能力。因为认知能力遵循一定的逻辑规则和步骤，容易被程序编码，而社会交往能力基于内隐

---

① 孔高文，刘莎莎，孔东民. 机器人与就业——基于行业与地区异质性的探索性分析[J]. 中国工业经济，2020（8）：80-98.
② 埃里克·布莱恩约弗森，安德鲁·麦卡菲. 第二次机器革命：数字化技术将如何改变我们的经济与社会[M]. 北京：中信出版社，2016.

# 第六章
## 人工智能背景下社会交往能力的劳动力市场价值

知识（tacit knowledge）——个体从经验和环境中不知不觉习得的，难以通过口头或书面语言来表述或传递的知识——程序员难以掌握其中的规则并对其编码。美国经济学家 David Autor 称这一现象为"波拉尼悖论（Polanyi's Paradox）"，[1] 计算机科学家将这一现象称为"莫拉维克悖论（Moravec's Paradox）"，即高阶智慧能力只需要较少的计算能力，但无意识的技能和直觉却需要极大的运算能力。[2] 照此逻辑，劳动力市场对复杂认知能力的需求不会持续增长，对人工智能难以替代、与人工智能互补的社会交往能力的需求将增长。

劳动力市场实证研究支持了上述推断。以往的研究表明，计算机化（computerization）使劳动力市场"极化（polarization）"[3][4][5]，即劳动力市场对高技能（包括高认知技能和非认知技能）和低技能劳动者的需求增加，对中等技能劳动者的需求减少。而当人工智能在劳动力市场崭露头角时，最新的实证研究表明，劳动力市场对复杂认知能力的需求增长停滞，对社会交往能力的需求增长仍在继续[6][7][8]。

---

[1] DAVID H. Why are there still so many jobs？The history and future of workplace automation[J]. Journal of economic perspectives, 2015, 29（3）: 3-30.

[2] MORAVEC H. Mind children: the future of robot and human intelligence[M]. Cambridge: Harvard University Press.

[3] DAVID H A, FRANK L, RICHARD J M. The skill content of recent technological change: an empirical exploration [J]. Quarterly journal of economics, 2003, 118（4）: 1279-1333.

[4] DAVID A, LAWRENCE K, MELISSA K. The polarization of the U.S. labor market [J]. American economic review, 2006, 96（2）: 189-194.

[5] GOOS, MAARTEN, ALAN M. Lousy and lovely jobs: the rising polarization of work in Britain [J]. Review of economics and statistics, 2007, 89（1）: 118-133.

[6] DAVID D. The growing importance of social skills in the labor market [J]. The quarterly journal of economics, 2017, 132（4）: 1593-1640.

[7] EKKEHARD E, ROSSANA M, DANIEL S. The economics of artificial intelligence: Implications for the future of work [EB/OL].[2022-08-01].https://www.ilo.org/global/topics/future-of-work/publications/research-papers/WCMS_647306/lang--en/index.htm.

[8] QIAN L. The End of polarization? technological change and employment in the u.s. labor market[EB/OL]. [2022-08-01].https://economics.ucr.edu/wp-content/uploads/2019/10/Technology-and-Employment_Qian-Lu.pdf.

## 二、社会交往能力的劳动力市场价值

社会交往能力是指与他人共同工作，以实现目标的能力。它包括6项子能力，分别是协调能力、指导能力、谈判能力、说服能力、服务能力和社会洞察力。① 社会交往能力并不是一项新的能力，它的重要性由来已久，雇主调查中经常将社会交往能力视为员工需要掌握的重要能力。与社会交往能力联系紧密的另一个概念是"社会情感能力（social and emotional skills）"，后者同时包含社会交往能力和情感能力。社会交往能力和情感能力既相互关联又存在区别，前者是理解他人、与他人互动的能力，后者是识别和管理自身及他人情绪的能力。本书主要关注社会交往能力。

个体社会交往能力的测量主要有4种方法：一是自我报告法，即被试者在代表不同程度的多点量表上选择最符合自己的选项。二是他人报告法，即他人对被试者做出评价。三是行为指标法，即用社会交往行为来判断被试者的社会交往能力。已有研究常用被试者参加学生社团或体育俱乐部的情况、担任学生干部的情况等指标。由于学校学生社团和体育俱乐部的供给情况不一，学生干部的选拔方法不一，本书不使用这种方法。四是心理量表法，即用成熟的心理量表测量被试者的社会交往能力。受数据可得性限制，本书综合使用前两种方法。

已有研究沿着两条路线研究社会交往能力的劳动力市场价值。一是运用宏观的就业结构数据分析对社会交往能力要求高的职业份额和工资变化。美国哈佛大学的研究者David Deming发现，20世纪80年代至2012年，美国职业结构中社会交往能力密集的职业增长12%，数学能力密集但社会交往能力要求低的职业减少3.3%，数学能力和社会交往能力都密集的职业份额和工资增长最明显。② Guy Michaels等研究表明，美国城市地区的职业对互动性能力（包

---

① National Center for O*NET Development. Social skills. O*NET onLine[EB/OL]. [2022-08-01]. https://www.onetonline.org/find/descriptor/browse/Skills/2.B.1/.

② DEMING D. The growing importance of social skills in the labor market [J]. Quarterly journal of economics，2017，132（4）：1593-1640.

括社会交往能力）要求越来越高。① 由于这类研究需要掌握职业层面的就业结构变化数据，我国的宏观数据只提供职业大类和中类层面数据②，所以本书无法开展此类研究。

二是运用微观数据研究社会交往能力对个体劳动力市场表现的影响。Lex Borghans 使用美国、英国和德国的微观数据，发现幼年时的社会交往能力对成年后从事职业的社会交往能力重要性有显著的正向影响。③David Deming 研究表明，在控制认知能力、非认知能力和其他变量后，社会交往能力仍然对工资有显著的正向影响。相较于 20 世纪八九十年代，21 世纪社会交往能力的回报更高。社会交往能力强的劳动者更可能从事社会交往能力密集的职业，从而获得较高的技能溢价。④Fabian Kosse 和 Michela Tincani 使用 76 个国家的样本数据，发现亲社会性（prosociality）对劳动力市场表现的正向影响在不同经济发展水平的国家都存在。⑤本书将运用微观数据检验社会交往能力对个体劳动力市场表现的影响。

已有研究从理论层面分析人工智能对社会交往能力价值的影响，却鲜有相应的实证研究。这主要是因为人工智能的产业应用尚不深入及相关数据尚不丰富。大量关于人工智能对就业的影响研究使用区域或行业的机器人安装

---

① MICHAELS G, FERDINAND R, STEPHEN J R. Task specialization in U.S. cities from 1880 to 2000[J]. Journal of the European economic association，2019，17(3)：754-798.

② 我国职业分类分为职业大类、中类、小类、细类（职业）四级。即使同一职业中类，不同职业小类对社会交往能力的要求可能存在较大差异。例如校对员、播音员与节目主持人同属"新闻出版、文化工作人员"职业中类，但它们对社会交往能力的要求不同。

③ BORGHANS L，TER WEEL B，WEINBERG B A. People skills and the labor market outcomes of underrepresented groups[J]. Industrial & labor relations review, 2014, 67（2）：287-334.

④ DEMING D. The growing importance of social skills in the labor market [J]. Quarterly journal of economics，2017，132（4）：1593-1640.

⑤ KOSSE F, TINCANI M. Prosociality predicts labor market success around the world [J]. Nature communications, 2020，11（1）：5298.

密度、①② 区域的机器人集成企业数、③ 职业的自动化风险④ 等指标衡量人工智能的应用强度。考虑到本书是微观个体层面的研究,与个体工资联系更为紧密的是职业层面变量,而非区域或行业层面⑤变量,我国人工智能的产业应用主要集中在江苏、广东和上海等地的汽车制造业,船舶、航空航天和其他运输设备制造业,电气电子设备制造业等,⑥ 所以本章使用职业的自动化风险指标衡量人工智能的应用强度,并检验人工智能对社会交往能力影响工资的调节作用。

已有研究认为,非认知能力影响劳动者工资的机制包括直接机制和间接机制。直接机制指非认知能力提高个体的劳动生产率。⑦ 间接机制分为3种:一是职业筛选效应,即非认知能力影响个体从事的职业类型;二是教育边际效应,即非认知能力提升教育投资的边际收益;三是社会资本效应,即非认知能力影响个体的社会资本积累。⑧⑨ 本章沿着已有研究的思路,检验社会交往能力影响个体工资的机制。

---

① 王文.数字经济时代下工业智能化促进了高质量就业吗[J].经济学家,2020(4):89-98.
② 王文,牛泽东,孙早.工业机器人冲击下的服务业:结构升级还是低端锁定[J].统计研究,2020,37(7):54-65.
③ 陈秋霖,许多,周羿.人口老龄化背景下人工智能的劳动力替代效应——基于跨国面板数据和中国省级面板数据的分析[J].中国人口科学,2018(6):30-42,126-127.
④ RAJA B K, KEVIN M, HARRY A P. Automation and labor market outcomes: the pivotal role of high-quality education [EB/OL]. [2022-08-01].https://elibrary.worldbank.org/doi/abs/10.1596/1813-9450-8474.
⑤ CFPS 数据只提供行业门类信息,不提供细分行业信息,不利于开展行业层面的研究。
⑥ 孔高文,刘莎莎,孔东民.机器人与就业——基于行业与地区异质性的探索性分析[J].中国工业经济,2020(8):80-98.
⑦ HECKMAN J J. Integrating personality psychology into economics [EB/OL]. [2022-08-01]. https://www.nber.org/papers/w17378.
⑧ 王春超,张承莎.非认知能力与工资性收入[J].世界经济,2019,42(3):143-167.
⑨ 盛卫燕,胡秋阳.认知能力、非认知能力与技能溢价——基于CFPS2010—2016年微观数据的实证研究[J].上海经济研究,2019(4):28-42.

# 第六章 人工智能背景下社会交往能力的劳动力市场价值

## 第二节 模型设定、数据来源与描述统计

### 一、模型设定

本章的基准模型如式（6-1）所示，其中 $Y$ 表示个体的劳动力市场表现（包括工资、是否就业等），$S$ 表示受教育年限，$SS$ 表示社会交往能力，$X$ 表示其他控制变量，包括个体的认知能力、年龄、年龄的平方、性别、是否健康、工作地点和行业类型等，$\varepsilon$ 表示随机项，$\beta_2$ 表示社会交往能力对个体劳动力市场表现的影响。在估计社会交往能力对个体是否就业的影响时，因变量是二分变量，本章使用 Logit 模型进行估计，并报告发生比（Odds Ratio）。

$$Y = \beta_0 + \beta_1 S + \beta_2 SS + \beta_3 X + \varepsilon。 \qquad (6-1)$$

在检验职业的自动化风险对社会交往能力影响工资的调节作用时，本章使用式（6-2）进行估计。其中，$Prob$ 表示职业被人工智能替代的概率（即自动化风险），$SS \times Prob$ 表示社会交往能力与职业自动化风险的交互项，$\beta_4$ 为职业自动化风险的调节作用。所有数据分析均在 Stata16 软件中完成。

$$Y = \beta_0 + \beta_1 S + \beta_2 SS + \beta_3 Prod + \beta_4 SS \times Prod + \beta_5 X + \varepsilon。 \qquad (6-2)$$

### 二、数据来源

本章的数据来源包括以下 3 个方面。

一是北京大学中国社会科学调查中心实施的"中国家庭追踪调查（CFPS）"数据。该调查覆盖中国内地除西藏、青海、宁夏、新疆、内蒙古等以外的 25 个省市，具有全国代表性。该调查于 2010 年开展基线调研，然后每隔一年开展追踪调研。虽然目前公开的最新数据是 2016 年的（2018 年仅公开部分），但由于 2016 年数据缺乏本章关注的关键变量，所以本章使用 2014 年数据。在研究社会交往能力对工资的影响时，本章使用 16～55 岁、非农就业的受雇者样本；在研究社会交往能力对个体是否就业的影响时，本章使用 16～55 岁的非农业户口样本；必要时，本章将 2014 年和 2010 年数据进行追踪匹配。

二是职业的自动化风险数据。英国牛津大学的研究者 Carl Frey 和 Michael

Osborne 基于职业属性分析和专家评判法,量化评估了各职业被人工智能替代的自动化风险。该研究在 2017 年发表以来,获得 7200 余次引用,被各国研究者广泛借鉴。本章将该研究的结果逐一、手动与中国职业编码匹配,[①] 然后与 CFPS 数据合并。

三是美国职业信息网络数据。该数据包含每个职业的从业技能要求信息,并经常更新,是各国研究者开展劳动力市场技能需求研究的重要数据来源。[②] 本章使用该数据集的 2014 年版数据,构建各职业的社会交往能力密集度指标,然后将它与 CFPS 数据合并。合并时涉及不同职业分类标准的转化,方法参见 Wojciech Hardy 等的研究。[③]

### 三、描述统计

本章使用的主要变量说明如下。

个体的社会交往能力:本章使用 3 个变量生成个体的社会交往能力指标。这 3 个变量分别是:自评的"人缘关系有多好"、自评的"在与人相处上打几分"、由调查员评价的"待人接物水平"。为了消除量纲的差异,本章首先分别将每一个变量标准化,然后对它们求平均值,得到一个区间为 0 ~ 10 的社会交往能力得分。

个体的认知能力:CFPS 对受访者进行了词组测试和数学测试。本章首先分别将词组测试和数学测试成绩标准化,然后对它们求平均值,得到一个区间为 0 ~ 10 的认知能力得分。

职业的自动化风险:Carl Frey 和 Michael Osborne(2017)认为,职业是否容易被人工智能替代,取决于该职业所需的社会交往能力、创造能力、感知能力和操作能力。上述能力越密集,职业越难以被人工智能替代;反之,

---

① 得益于网络上较为成熟的对美国职业分类标准(Standard Occupational Classification, SOC)的翻译,以及我国人力资源和社会保障部门建立的国家职业资格管理数据库,本书能够比较准确地将中美职业进行匹配。
② ROB W. Lessons from America: a research and policy briefing [R]. London: UKCES, 2010.
③ HARDY W, ROMA K, PIOTR L. Educational upgrading, structural change and the task composition of jobs in Europe [J]. Economics of transition, 2018, 26 (2): 201-231.

# 第六章
## 人工智能背景下社会交往能力的劳动力市场价值

则容易被人工智能替代。该研究赋予每个职业一个区间为 0～1 的自动化风险系数，本章使用该研究的结果。

职业的社会交往能力密集度：借鉴 David Deming（2017）的方法，本章使用美国职业信息网络数据中的 4 个变量生成职业的社会交往能力密集度指标。这 4 个变量分别是职业对从业者协调能力、谈判能力、说服能力和社会洞察力的要求评分。本章首先分别将 4 个变量标准化，其次对它们求平均值，最后生成区间为 0～10 的职业社会交往能力密集度指标。

此外，本章还用到以下变量：性别虚拟变量，女性 =0，男性 =1；受教育年限，CFPS 数据库已经生成；年龄，CFPS 数据库已经生成；年龄的平方；自评是否健康虚拟变量，不健康 =0，健康 =1；工资，是年工资性收入的对数；是否就业虚拟变量，失业 =0，就业 =1；工作地点虚拟变量，东部地区 =0，中部地区 =1，西部地区 =2，东北地区 =3；是否从事管理职务虚拟变量，不从事管理职务 =0，从事管理职务 =1；行业虚拟变量。主要变量的描述性统计如表 6-1 所示。

表 6-1 主要变量的描述性统计

| 变量名称 | 平均值 | 标准差 | 最小值 | 最大值 | 观测值 / 个 |
| --- | --- | --- | --- | --- | --- |
| 社会交往能力（2014 年） | 7.55 | 1.16 | 0 | 10 | 6588 |
| 社会交往能力（2010 年） | 8.06 | 1.05 | 0 | 10 | 3930 |
| 认知能力（2014 年） | 6.43 | 2.04 | 0 | 10 | 6588 |
| 性别 | 0.58 | 0.49 | 0 | 1 | 6598 |
| 受教育年限 / 年 | 10.61 | 3.78 | 0 | 19 | 6598 |
| 年龄 / 岁 | 35.82 | 10.01 | 16 | 55 | 6598 |
| 是否健康 | 0.95 | 0.22 | 0 | 1 | 6598 |
| 工资 / 元 | 31 940.81 | 26 243.74 | 1000 | 400 000 | 6598 |
| 是否就业 | 0.97 | 0.17 | 0 | 1 | 4410 |
| 职业的自动化风险 | 0.66 | 0.29 | 0.00 | 0.99 | 5842 |

续表

| 变量名称 | 平均值 | 标准差 | 最小值 | 最大值 | 观测值/个 |
|---|---|---|---|---|---|
| 职业的社会交往能力密集度 | 4.28 | 1.57 | 0.39 | 9.89 | 4154 |
| 是否从事管理职务 | 0.13 | 0.34 | 0 | 1 | 6586 |

## 第三节 实证结果

### 一、基准回归估计结果

本章首先使用2014年横截面数据，分析社会交往能力对个体工资的影响。如表6-2第（1）列所示，当模型中仅有受教育年限变量衡量人力资本时，受教育年限每提高一年，个体工资增长4.8%。第（2）列在第（1）列的基础上增加社会交往能力变量后，受教育年限变量的系数几乎不变，社会交往能力对个体工资存在显著的正向影响，社会交往能力每提高一个标准差，个体工资增长3.8%。这表明社会交往能力独立于受教育年限，对工资产生影响。

第（3）列在第（2）列的基础上进一步控制认知能力变量后，社会交往能力和受教育年限对工资的影响几乎不变，但是认知能力的影响不显著。这可能是因为2014年CFPS测试的是受访者的晶体智力，晶体智力受个体受教育水平的影响较大。[①] 相关分析表明，样本的认知能力与受教育年限的相关系数为0.79。第（4）列在第（3）列的基础上去掉受教育年限变量后，社会交往能力的系数稍微提高，认知能力对工资的影响显著为正。考虑到认知能力变量的缺陷，本书之后的模型不再加入认知能力变量。其他变量的系数均符合预期。

---

① 黄国英，谢宇. 认知能力与非认知能力对青年劳动收入回报的影响[J]. 中国青年研究，2017（2）：56-64，97.

表 6-2 基准回归估计结果

|  | （1） | （2） | （3） | （4） |
| --- | --- | --- | --- | --- |
| 社会交往能力 |  | 0.038***<br>(0.0080) | 0.038***<br>(0.0080) | 0.040***<br>(0.0081) |
| 年龄 | 0.112***<br>(0.0073) | 0.112***<br>(0.0072) | 0.112***<br>(0.0073) | 0.109***<br>(0.0073) |
| 年龄的平方 | −0.001***<br>(0.0001) | −0.001***<br>(0.0001) | −0.001***<br>(0.0001) | −0.001***<br>(0.0001) |
| 男性 | 0.385***<br>(0.0198) | 0.388***<br>(0.0198) | 0.388***<br>(0.0198) | 0.396***<br>(0.0200) |
| 受教育年限 | 0.048***<br>(0.0028) | 0.047***<br>(0.0028) | 0.046***<br>(0.0041) |  |
| 健康 | 0.129***<br>(0.0431) | 0.117***<br>(0.0431) | 0.117***<br>(0.0431) | 0.130***<br>(0.0435) |
| 认知能力 |  |  | 0.001<br>(0.0074) | 0.062***<br>(0.0051) |
| 工作地点 | √ | √ | √ | √ |
| 行业 | √ | √ | √ | √ |
| $Prob > F$ | 0.00 | 0.00 | 0.00 | 0.00 |
| 调整 $R^2$ | 0.1800 | 0.1827 | 0.1825 | 0.1664 |
| $N$ | 6520 | 6520 | 6520 | 6520 |

注：*、**、*** 分别表示通过 0.1、0.05、0.01 显著性水平检验。

## 二、稳健性检验

为了对社会交往能力的影响进行稳健性检验，本章采取 4 种对策：第一，考虑收入离群值的影响，对收入进行上下 5% 的缩尾处理。如表 6-3 第（1）列所示，缩尾处理后，社会交往能力的系数仍然极其显著，不过系数值稍微变小。第二，使用生成社会交往能力指标的 3 个变量分别作为自变量。如表 6-3 第（2）至第（4）列所示，自评"人缘关系有多好"、自评"在与人相处上打几分"及他评"待人接物水平"都对工资有显著为正的影响，不过系数值均低于总的社会交往能力指标。第三,改用个体是否就业作为因变量。如表6-3第(5)列所示,社会交往能力对个体是否就业存在极其显著的正向影响。第四,仅使用第二产业从业者样本。第三产业(服务业)的社会互动行为更多,对从业者的社会交往能力要求更高,而第二产业相反。如表6-3第(6)列所示,即使在第二产业,社会交往能力仍然对工资产生显著的正向影响。4种方案综合表明,社会交往能力对个体劳动力市场表现的影响具有较好的稳健性。

表6-3 稳健性检验

|  | (1) | (2) | (3) | (4) | (5) | (6) |
| --- | --- | --- | --- | --- | --- | --- |
| 社会交往能力 | 0.033*** (0.0068) | 0.020*** (0.0048) | 0.020*** (0.0050) | 0.008* (0.0045) | 0.007*** (0.0016) | 0.035*** (0.0108) |
| 年龄 | 0.096*** (0.0062) | 0.096*** (0.0062) | 0.096*** (0.0062) | 0.096*** (0.0062) | 0.008*** (0.0014) | 0.104*** (0.0104) |
| 年龄的平方 | −0.001*** (0.0001) | −0.001*** (0.0001) | −0.001*** (0.0001) | −0.001*** (0.0001) | −0.000*** (0.0000) | −0.001*** (0.0001) |
| 男性 | 0.346*** (0.0170) | 0.344*** (0.0170) | 0.388*** (0.0198) | 0.344*** (0.0170) | 0.010** (0.0042) | 0.434** (0.0276) |
| 受教育年限 | 0.041*** (0.0024) | 0.042*** (0.0024) | 0.042*** (0.0024) | 0.042*** (0.0024) | 0.002*** (0.0006) | 0.034*** (0.0037) |
| 健康 | 0.110*** (0.0370) | 0.114*** (0.0370) | 0.114*** (0.0370) | 0.118*** (0.0370) | 0.039*** (0.0145) | 0.139*** (0.0587) |
| 工作地点 | √ | √ | √ | √ | × | √ |
| 行业 | √ | √ | √ | √ | × | √ |
| $Prob > F$ | 0.00 | 0.00 | 0.00 | 0.00 | 0.00 | 0.00 |
| 调整 $R^2$ | 0.1921 | 0.1915 | 0.1913 | 0.1897 | 0.0862 | 0.1478 |
| $N$ | 6520 | 6520 | 6520 | 6520 | 4349 | 3147 |

注:*、**、***分别表示通过0.1、0.05、0.01显著性水平检验。

# 第六章 人工智能背景下社会交往能力的劳动力市场价值

## 三、考虑内生性的估计结果

为了克服互为因果、遗漏变量和测量误差带来的内生性问题,本章分别采取以下对策。

第一,为了克服社会交往能力与个体工资之间互为因果的干扰,本章使用个体2010年的社会交往能力作为代理变量,检验其对2014年工资的影响。如表6-4第(1)列所示,个体2010年的社会交往能力对其2014年的工资存在极其显著的正向影响,而且系数值高于表6-2、表6-3中的结果。这表明互为因果干扰对内生性的影响较小。如本章表6-1的描述性统计所示,样本2010年和2014年的社会交往能力得分比较稳定,因此互为因果干扰的影响较小。

第二,为了克服遗漏变量的影响,本章在模型中加入调查员评价的受访者语言表达能力和理解能力变量,试图控制更多的能力类型。如表6-4第(2)列所示,加入这两个变量后,社会交往能力对工资的影响几乎不发生改变。这表明,即使在模型中控制更多的个体能力变量,社会交往能力依然对工资存在极其显著的影响。

第三,为了克服可能存在的测量误差,本章采取两种对策。一是改变社会交往能力的测量方法,使用重要程度量表中的两个变量测量社会交往能力。这两个变量分别是"不被人讨厌对您的重要程度"和"不孤单对您的重要程度"。如表6-4第(3)列所示,使用新的社会交往能力指标,社会交往能力仍然对工资存在显著的正向影响,不过系数值变小。二是利用调查员评价的"受访者理解能力"和"受访者回答的可信程度"指标(均为七分量表),将受访者的理解能力和回答可信程度低于3分的样本剔除,使用剩余样本进行回归。如表6-4第(4)列所示,使用受访者的理解能力和回答可信程度较高的样本,回归结果仍然稳健。

综合表6-2、表6-3和表6-4的结果,本章认为社会交往能力对个体工资的边际影响在4%左右,即社会交往能力每提高一个标准差,个体工资增长约4%。

表 6-4 考虑内生性的估计结果

| | （1） | （2） | （3） | （4） |
|---|---|---|---|---|
| 社会交往能力（2010年） | 0.044*** (0.0112) | 0.040*** (0.0112) | 0.018*** (0.0057) | 0.045*** (0.0114) |
| 年龄 | 0.077*** (0.0116) | 0.075*** (0.0116) | 0.076*** (0.0117) | 0.079*** (0.0119) |
| 年龄的平方 | −0.001*** (0.0001) | −0.001*** (0.0001) | −0.001*** (0.0002) | −0.001*** (0.0002) |
| 男性 | 0.406*** (0.0250) | 0.406*** (0.0250) | 0.403*** (0.0250) | 0.405*** (0.0255) |
| 受教育年限 | 0.053*** (0.0034) | 0.050*** (0.0035) | 0.050*** (0.0050) | 0.054*** (0.0035) |
| 健康 | 0.122** (0.0500) | 0.117** (0.0500) | 0.132*** (0.0501) | 0.120** (0.0515) |
| 语言表达能力 | | 0.068*** (0.0222) | | |
| 理解能力 | | −0.001 (0.0093) | | |
| 工作地点 | √ | √ | √ | √ |
| 行业 | √ | √ | √ | √ |
| $Prob > F$ | 0.00 | 0.00 | 0.00 | 0.00 |
| 调整 $R^2$ | 0.1962 | 0.1985 | 0.1951 | 0.1972 |
| N | 3884 | 3884 | 3884 | 3722 |

注：*、**、*** 分别表示通过 0.1、0.05、0.01 显著性水平检验。

## 四、人工智能对社会交往能力价值的影响

本章使用职业的自动化风险指标衡量人工智能的应用强度，并推测职业的自动化风险是社会交往能力影响工资的一个调节变量。具体而言，职业的自动化风险高的职业，由于对社会交往能力的要求低，因此社会交往能力对工资的影响弱；相反，职业的自动化风险低的职业，由于对社会交往能力的要求高，因此社会交往能力对工资的影响强。表 6-5 第（1）列呈现了不考虑

# 第六章
## 人工智能背景下社会交往能力的劳动力市场价值

调节作用的估计结果。表6-5第（2）列在考虑调节效应后，模型的校正决定系数由0.1894上升至0.1902，而且交互项的系数显著为负。这说明职业自动化风险对社会交往能力影响工资起到负向调节作用，验证了本章的推测。

本章进一步将职业的自动化风险根据平均值分成高、低两组，如表6-5第（3）和第（4）列所示，低自动化风险职业的社会交往能力回报为0.065，而高自动化风险职业的社会交往能力回报为0.022，二者相差0.043，而且具有显著性差异。这表明在人工智能背景下，劳动者若想从事低自动化风险职业，避免技术性失业，就需要掌握更多的社会交往等人工智能难以替代的能力，同时这些能力也会为劳动者带来可观的经济收益。余玲铮等对广东省制造业的实证研究表明，人工智能重塑了工厂车间工作内容，执行非程序化工作内容的劳动者工资增长，执行非程序化工作内容和执行程序化工作内容的工资差距扩大。[1] 未来随着人工智能的应用进一步深化，大部分职业不是简单地被人工智能完全替代或完全无法替代，而是部分工作内容受到影响。[2] 其中程序化的工作内容由人工智能完成，而非程序化的工作内容由劳动者完成，职业的工作属性也会发生变化，将产生更多新的非程序化工作内容。

表6-5 职业自动化风险的调节作用

|   | （1）直接效应 | （2）调节效应 | （3）低自动化风险职业 | （4）高自动化风险职业 |
| --- | --- | --- | --- | --- |
| 社会交往能力 | 0.036*** (0.0084) | 0.037*** (0.0084) | 0.065*** (0.0153) | 0.022** (0.0100) |
| 职业的自动化风险 | −0.135*** (0.0403) | −0.126*** (0.0029) |  |  |
| 社会交往能力 × 职业的自动化风险 |  | −0.076** (0.0299) |  |  |

---

[1] 余玲铮，魏下海，孙中伟，等.工业机器人、工作任务与非常规能力溢价——来自制造业"企业—工人"匹配调查的证据 [J]. 管理世界，2021，37（1）：47-59，4.

[2] EKKEHARD E, ROSSANA M, DANIEL S. The economics of artificial intelligence: Implications for the future of work [EB/OL]. [2022-08-01]. https://www.ilo.org/global/topics/future-of-work/publications/research-papers/WCMS_647306/lang--en/index.htm.

续表

|  | （1）直接效应 | （2）调节效应 | （3）低自动化风险职业 | （4）高自动化风险职业 |
|---|---|---|---|---|
| 差异显著性 |  |  | 0.043**（0.0139） | |
| 控制变量 | √ | √ | √ | √ |
| $Prob > F$ | 0.00 | 0.00 | 0.00 | 0.00 |
| 调整 $R^2$ | 0.1894 | 0.1902 | 0.2336 | 0.1723 |
| N | 5793 | 5793 | 1868 | 3925 |

注：*、**、***分别表示通过0.1、0.05、0.01显著性水平检验。

## 五、影响机制分析

前文分析了社会交往能力对个体劳动力市场表现的影响及人工智能对社会交往能力价值的影响，但是尚未探讨社会交往能力影响工资的具体机制。已有研究认为，非认知能力通过职业筛选效应、教育边际效应和社会资本效应3种途径间接地影响工资。本章分别对这3种机制进行检验。

职业筛选效应是指职业对从业者的技能有一定要求，求职者也会根据自身的技能禀赋选择从事不同的职业。社会交往能力通过影响个体的职业类型，进而影响工资。John Katrin 等研究表明，非认知能力是影响个体职业选择的重要因素，不同非认知能力在不同职业中的回报不同。[1]Alan Krueger 和 David Schkade 研究表明，喜欢社会交往的人倾向于从事需要更多人际互动的职业。[2]本书从两个维度考察不同的职业：一是职业的社会交往能力密集度；二是是否为领导职务。如表6-6第（1）和第（2）列所示，社会交往能力对个体从事职业的社会交往能力密集度有显著的正向影响，而职业的社会交往能力密集度对工资也存在显著的正向影响。如表6-6第（3）和第（4）列所示，社会交往能力显著提高个体从事领导职务的概率，而从事领导职务对工资也存

---

[1] KATRIN J, STEPHAN L. Heterogeneous returns to personality: the role of occupational choice[J]. Empirical economics, 2014, 47(2): 553-592.

[2] KRUEGER A, SCHKADE D. Sorting in the labor market: do gregarious workers sock to interactive jobs?[J]. Journal of human resources, 2008, 43(4): 861-865.

在显著的正向影响。表 6-6 综合表明,社会交往能力通过职业筛选效应影响工资。

表 6-6　职业筛选效应分析

|  | （1）职业的社会交往能力密集度 | （2）工资 | （3）是否从事领导职务 | （4）工资 |
|---|---|---|---|---|
| 社会交往能力 | 0.031***<br>（0.0156） | 0.024**<br>（0.0105） | 0.030***<br>（0.0038） | 0.030***<br>（0.0079） |
| 职业的社会交往能力密集度 |  | 0.029***<br>（0.0109） |  |  |
| 是否从事领导职务 |  |  |  | 0.296***<br>（0.0277） |
| 控制变量 | √ | √ | √ | √ |
| $Prob > F$ | 0.00 | 0.00 | 0.00 | 0.00 |
| 调整 $R^2$ | 0.4999 | 0.1643 | 0.0962 | 0.1967 |
| $N$ | 3882 | 3882 | 6519 | 6519 |

注：*、**、*** 分别表示通过 0.1、0.05、0.01 显著性水平检验。

教育边际效应是指社会交往能力有助于提高个体教育投资的边际收益,社会交往能力更强的劳动者,教育收益率更高。王春超、张承莎研究表明,随着非认知能力的提高,教育对劳动者工资性收入的边际效益增加。[①] 本章首先将样本的社会交往能力按照平均值分为高、低两组,如表 6-7 第（1）和第（2）列所示,两组样本的教育收益率不存在显著差异。然后,本章将样本的社会交往能力按照 75% 分位点分为高、低两组,如表 6-7 第（3）和第（4）列所示,社会交往能力高于 75% 分位点的样本教育收益率显著高于低社会交往能力组,两者之间的差值约为 1 个百分点。这表明,对社会交往能力出众（高于 75% 分位点）的个体而言,社会交往能力确实能够提升教育投资的边际收益。

---

① 王春超,张承莎.非认知能力与工资性收入[J].世界经济,2019,42（3）：143-167.

表 6-7 教育边际效应分析

|  | （1）>50% 组 | （2）≤50% 组 | （3）>75% 组 | （4）≤75% 组 |
| --- | --- | --- | --- | --- |
| 受教育年限 | 0.051*** (0.0041) | 0.044*** (0.0038) | 0.055*** (0.0053) | 0.045*** (0.0033) |
| 差异显著性 | 0.007 (0.2400) | | 0.01* (0.0799) | |
| 控制变量 | √ | √ | √ | √ |
| $Prob > F$ | 0.00 | 0.00 | 0.00 | 0.00 |
| 调整 $R^2$ | 0.1768 | 0.1818 | 0.1825 | 0.1788 |
| $N$ | 3152 | 3368 | 1871 | 4649 |

注：*、**、*** 分别表示通过 0.1、0.05、0.01 显著性水平检验。

社会资本效应是指社会交往能力有助于提高个体的社会资本，进而提高个体的工资性收入。社会资本根据获取途径的不同，可以分为地位型社会资本和关系型社会资本，前者与自身的地位有关，后者与自身能够利用的社会关系质量和层次有关。社会交往能力强的个体，能够构筑更加广泛和密切的社会关系，从而动员更多的社会资源。谢周亮运用家庭年度收送礼金等指标表示社会资本，这表明社会资本与收入有明显的正相关关系。[①] 本章分别使用家庭礼金支出和家庭通信支出作为个体社会资本的代理变量。如表 6-8 第（1）和第（3）列所示，社会交往能力显著提升个体的社会资本。如表 6-8 第（2）和第（4）列所示，在模型中同时控制社会交往能力和社会资本，二者对工资都存在显著的正向影响。这表明，社会资本是社会交往能力影响工资的部分中介因子。表 6-6 至表 6-8 综合表明，与非认知能力一样，社会交往能力通过职业筛选效应、教育边际效应和社会资本效应 3 种途径间接地影响工资。

---

① 谢周亮.我国个人社会资本影响劳动收入差异的实证分析[J].广东社会科学，2014（1）：37-45.

表 6-8 社会资本效应分析

| | （1）家庭礼金支出 | （2）工资 | （3）家庭通信支出 | （4）工资 |
| --- | --- | --- | --- | --- |
| 社会交往能力 | 0.048*** (0.0124) | 0.032*** (0.0088) | 0.029*** (0.0082) | 0.033*** (0.0080) |
| 家庭礼金支出 | | 0.088*** (0.0096) | | |
| 家庭通信支出 | | | | 0.125*** (0.0119) |
| 控制变量 | √ | √ | √ | √ |
| $Prob > F$ | 0.00 | 0.00 | 0.00 | 0.00 |
| 调整 $R^2$ | 0.1100 | 0.2013 | 0.1606 | 0.1974 |
| $N$ | 5331 | 5500 | 6179 | 6378 |

注：*、**、*** 分别表示通过 0.1、0.05、0.01 显著性水平检验。

## 第四节 本章小结

本章使用微观数据，验证了社会交往能力对个体劳动力市场表现的影响。研究表明，在控制受教育年限、认知能力、其他非认知能力的基础上，社会交往能力对个体劳动力市场表现具有显著的正向影响。在考虑内生性后，这种影响依然稳健。综合结果表明，社会交往能力每提高一个标准差，个体工资约提高4%。职业的自动化风险对社会交往能力影响工资起到负向调节作用，即职业的自动化风险越低，社会交往能力的回报越高。随着人工智能的应用进一步深化，社会交往能力的劳动力市场价值将更加凸显。社会交往能力影响工资的间接机制包括职业筛选效应、教育边际效应和社会资本效应3种。

这些结论对教育和培训供给侧改革具有重要启示。长期以来，我国的学校教育和家庭教育更加关注认知能力培养，忽视社会交往能力等非认知能力培养。学生投入大量时间进行重复性的认知训练，缺乏时间投入其他活动，而重复性的认知训练正是人工智能的优势所在。有专家警示，人工智能将使中国的教育优势荡然无存。①我国学生在国际学生评价项目（PISA测试）中数学和科学素养表现优异，但合作解决问题能力低于经济合作与发展组织国家平均水平，也低于新加坡、日本和韩国等国家。②这在一定程度上表明我国学生的社会交往能力有待提高。长期致力于不同国家和地区儿童与成人认知能力测评的OECD近年来将测评重点逐渐转向社会情感能力，这也在一定程度上表明社会交往能力的重要性。

已有研究探究了学校培养社会情感能力的途径，对社会交往能力培养具有借鉴意义。黄忠敬认为，学校开展社会情感能力教育的策略包括基于课程的干预策略、基于教学的干预策略、基于评估的干预策略和基于全校的干预策略4种。③毛亚庆认为，学校可以从4个方面努力提升学生的社会情感能力，即构建基于真诚的关心型校长领导力、构建积极取向的学校价值、构建生态的学校氛围和采取合目的性的教育方式。④在借鉴已有研究成果的基础上，本书认为学校应该主要通过隐性课程，而非显性课程培养学生的社会交往能力。在课程教学中，增加项目式学习、小组合作学习和综合性实践活动等学习方式，鼓励合作探究。在课后活动中，丰富学校的体育活动、社团活动和其他学生活动，在活动中增进社会交往。在校园环境中，创造便于学生开展小组学习和合作交流的场所。在实习实训中，加强和规范实习实训管理，利用工作岗位磨炼社会交往能力。此外，在教师教育中，注重教师的社会交往能力培养，提升教师的社会交往能力。⑤在家庭教育中，引导家长树立正确的教育观念，以身作则，榜样示范。由于幼儿时期是非认知能力培养的重要机遇期，⑥因此

---

① 钱颖一.人工智能将使中国教育优势荡然无存[J].商业观察，2017（8）：88，90.

② OECD. PISA 2015 results (Volume V): collaborative problem solving [EB/OL]. [2022-08-01]. https://doi.org/10.1787/9789264285521-en.

③ 黄忠敬.如何在学校开展社会与情感能力教育？[J].中国教育学刊，2021（2）：6-11.

④ 毛亚庆.提升社会情感能力　构建学生社会性[J].陕西教育（综合版），2020（Z1）：11-12.

⑤ ALBERT C. Teachers and the development of student noncognitive skills [EB/OL].[2022-08-01]. https://scholarworks.uark.edu/cgi/viewcontent.cgi？article=3196&context=etd.

⑥ CARNEIRO P，HECKMAN J. Human capital policy [M]. Cambridge：MIT Press.

# 第六章
## 人工智能背景下社会交往能力的劳动力市场价值

要扩大学前教育机会、提高学前教育质量，禁止幼儿园"小学化"，让幼儿在适合他们身心规律的活动中全面发展。

本章证实了社会交往能力具有重要的劳动力市场价值，人工智能不仅进一步凸显了社会交往能力的价值，还丰富了基于能力的新人力资本研究。本章的不足之处在于：第一，由于缺乏更新年份的微观数据，本书使用2014年数据，此时人工智能在中国各行各业的应用尚未深化。第二，由于缺乏我国就业人口职业结构变化的宏观数据，本章无法分析人工智能背景下我国职业结构变化的宏观背景，为微观研究搭设铺垫。未来，随着更新微观数据的可得、第7次人口普查数据的公开等，相关研究可以进一步深入。

# 第七章
# 劳动力市场技能需求对教育供给的启示

前面几章全面分析了劳动力市场对不同水平和类型技能的需求,本章回归本研究的落脚点,研究技能需求对教育供给的启示。本章的结构安排如下:首先,厘清劳动力市场技能需求与教育供给之间的关系,为分析技能供需匹配提供一个分析框架;其次,分析我国现阶段劳动力市场技能需求对教育供给提出的要求;最后,对本章进行小结。

## 第一节 劳动力市场技能需求与教育供给的关系

厘清劳动力市场技能需求与教育供给之间的关系,对研究劳动力市场技能供需匹配具有重要意义。本研究认为,一方面,劳动力市场技能需求与教育供给之间存在重要关联;另一方面,二者之间不存在一对一的严格对应关系。

### 一、二者之间的关系

图 7-1 呈现了劳动力市场技能需求与教育供给关系的分析框架。如图 7-1 所示,劳动力市场技能需求与教育供给之间存在重要关联。

一方面,劳动力市场技能需求影响教育供给,要求教育供给提高对劳动力市场需求的响应能力,提高人才培养的劳动力市场适应性。这要求我们运用一定的方法识别劳动力市场技能需求,并将技能需求信息传递至教育供给侧。教育供给侧在获得技能需求信息后,在一定条件下(如获得政策共识等)

# 第七章 劳动力市场技能需求对教育供给的启示

依据技能需求信息进行教育供给侧调整,从而提高技能供给对技能需求的回应性。

另一方面,教育供给除了被动地满足劳动力市场技能需求以外,也会主动地影响劳动力市场技能需求。例如,近年来我国教育普及程度不断提高,劳动力受教育水平不断提高。受高等教育扩招政策影响,高等教育毕业生数量从1999年的173.6万人增长到2022年的1076万人,高等教育毕业生数量大幅增长。在一定程度上这是劳动力市场"文凭膨胀"的重要原因之一。

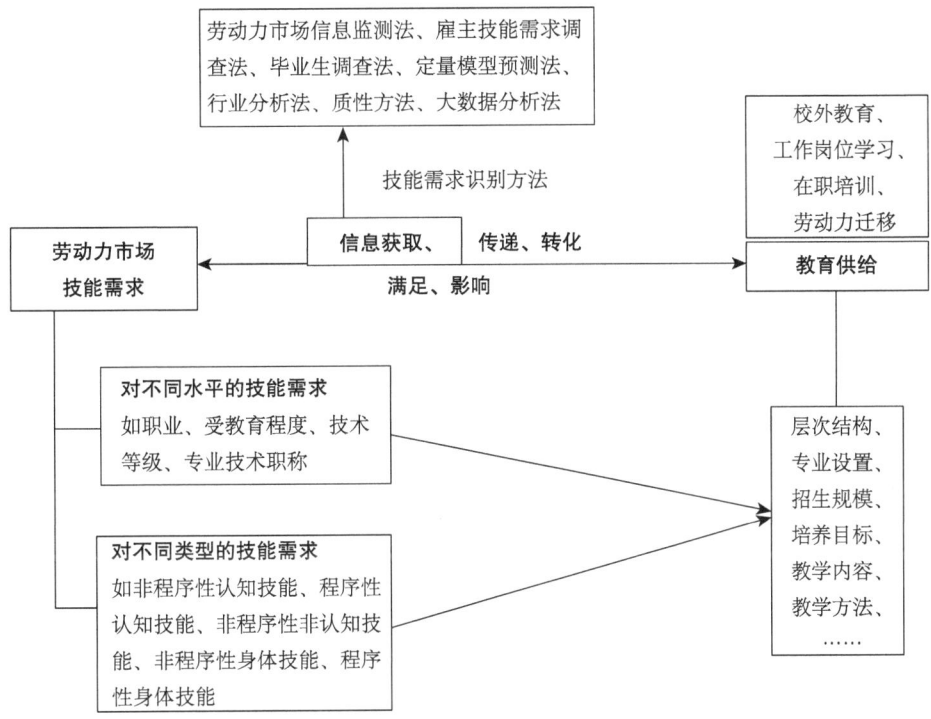

图7-1 技能需求与教育供给关系的分析框架

## 二、二者之间不存在严格的对应关系

虽然劳动力市场技能需求与教育供给之间存在重要关联,但是二者之间的关联比较复杂,并非一对一的严格对应关系。一些已有研究为了厘清技能供需匹配的现状、提出促进技能供需匹配的对策，使用分学科（专业）的毕业生数（或在校生数）与分行业分受教育程度的就业人数之间的相关程度等方法，检验技能供需的匹配程度。这些研究忽略了技能需求与教育供给之间的复杂对应关系。

二者之间的复杂对应关系表现在以下4个方面。

第一，无论使用哪种方法测量"技能"，技能需求信息中的"技能"与教育供给中的"技能"都很难一一对应。教育供给侧迫切希望获得对专业设置、招生规模和层次结构调整等具有直接借鉴意义的技能需求信息，而技能需求信息很难满足上述要求；技能需求信息中的一些重要结论，如要重视非程序性技能的培养等，要么得不到教育供给侧的充分重视，要么难以转化为实际的教育供给。

第二，就不同类型的技能需求而言，技能需求与教育供给之间的关系更加复杂。无论采用哪一种技能类型划分方法，教育供给需要从学科（专业）设置、培养目标、教学内容和教学方法等多方面着手，去应对劳动力市场对不同类型技能的需求，而不存在一一对应的关系。

第三，就不同水平的技能需求而言，技能需求与教育供给之间的关系相对清晰，但也难以一一对应。使用职业、受教育程度等指标衡量技能水平的需求信息，能够为教育层次结构调整提供启示。一些发达国家和国际组织使用系统的定量模型预测法，预测劳动力市场对不同职业、不同受教育程度劳动者的需求，进而为教育供给提供启示。但我国目前缺乏使用系统的定量模型预测法的技能需求预判实践，也缺乏相应的坚实数据基础。

第四，劳动力市场技能需求不仅通过教育供给来满足，校外教育、工作岗位学习、在职培训、劳动力迁移等都是满足技能需求的重要途径。一些在劳动力市场具有需求价值的技能，还需要进一步研究如何通过学校教育来培养。

二者之间错综复杂的关系，使得技能供需匹配变得困难。但这并不意味劳动力市场技能需求研究失去了意义。技能需求信息能够为教育供给侧提供许多启示，但教育供给侧无法获得"一劳永逸"的信息。历史上曾经流行的人力规划方法，已经被证明过于僵硬和固化。从当前发达国家和国际组织的实践经验来看，它们重视运用多种方法预判技能需求，并通过丰富的途径，以用户友好的形式向广大利益相关者提供技能需求信息，以帮助利益相关者更好地决策。同时，还通过各种方法吸引利益相关者参与技能需求预判过程，以促进技能需求信息向教育供给的转化。

## 第二节　劳动力市场技能需求对教育供给提出的要求

综合前文的研究结果，本研究认为劳动力市场技能需求对教育供给提出如下要求。

### 一、教育供给侧主动、科学地收集劳动力市场技能需求信息

劳动力市场技能需求信息不会自然产生，不会自动传递至教育供给侧。在我国技能需求预判体系尚不完善、技能需求信息尚不丰富的前提下，教育供给侧需要主动、科学地收集劳动力市场技能需求信息，以提高技能培养与技能需求的匹配性。

一是主动收集技能需求信息。教育供给侧培养的人才是否适应经济社会发展需求，是衡量教育质量的重要指标之一。教育供给侧需要将人才培养是否适应劳动力市场技能需求作为检查自身工作的一项重要内容。诸如毕业生就业率、就业质量、就业满意度、专业匹配情况、就业困难原因、技能使用情况、雇主满意度等，都是反映学校人才培养质量的重要指标。教育供给侧适宜使用毕业生调查和雇主技能需求调查等方法预判技能需求，需要主动把这两项调查做好，切实为人才培养提供反馈信息。

二是科学收集技能需求信息。当前，我国高校和职业教育学校每年开展毕业生调查及雇主调查，基于这些调查发布毕业生就业质量报告。但是，一部分学校并未把这两项调查作为改进人才培养质量的重要抓手，而只是被动地完成上级安排的任务。

毕业生调查和雇主调查的科学性有待提高的表现包括以下几个方面。第

一，抽样方法有待完善。一些毕业生调查和雇主调查使用方便抽样的方法，没有考虑样本对总体的代表性，而国外的相关调查大多使用不等比例分层随机抽样方法进行抽样，以保证样本对总体的代表性。第二，指标设计有待完善。对一些高校的雇主调查问卷进行分析可以发现，这些调查只大体询问雇主对毕业生专业知识、综合素质、从上岗到胜任工作的适应情况的总体评价，指标设计相对比较粗糙。指标设计的背后缺乏理论支撑和逻辑框架，指标不成体系、缺乏细分、缺乏对现象背后原因的深入挖掘等，因此调查获取的信息较少，对决策的参考能力大大降低。相比之下，英国的雇主调查细致询问了24种技能小类的具体短缺情况及其缘由，调查更加深入。第三，需要对调查的利害关系进行再思考。当前一些毕业生调查和雇主调查结果被当作教育行政部门对学校进行考核的重要内容。这一方面提高了学校对调查的重视程度，确保调查的顺利开展；另一方面，由于调查结果与学校评价、教育资源投入等挂钩，容易导致一些学校不遵循科学的调查方法。

## 二、重视为社会服务产业培养紧缺人才

第三章劳动力市场供需监测结果表明，"社会生产服务和生活服务人员"是劳动力市场短缺职业的重要组成。短缺职业排行居前10位的职业中，大部分为"营销员""餐厅服务员""保洁员""保安员"等社会服务产业岗位。这些岗位的就业需求多，而供给相对少，面临较大的缺口。据发展改革委相关数据统计，2018年我国家政服务业的经营规模达到5762亿元，同比增长27.9%，从业人员总量已超过3000万人。

社会服务产业是涉及亿万群众福祉的民生事业和具有巨大发展潜力的朝阳产业，大力发展社会服务产业对更好满足人民群众日益增长的美好生活需要、高水平全面建成小康社会具有重要意义。《国务院办公厅关于促进家政服务业提质扩容的意见》（国办发〔2019〕30号）、《国务院办公厅关于推进养老服务发展的意见》（国办发〔2019〕5号）、《教育部等九部门关于加快推进养老服务业人才培养的意见》（教职成〔2014〕5号）、《教育部办公厅等七部门关于教育支持社会服务产业发展　提高紧缺人才培养培训质量的

意见》（教职成厅〔2019〕3号）等文件，对扩大社会服务产业人才培养规模及优化专业设置、教学内容、校企合作等方面提出了具体要求。

在新的时代背景下，社会服务产业人才的培养不仅要着眼于培养家政服务、养老照护、母婴护理和健康管理等一线技术技能人才，还要致力于培养社会服务新业态急需人才。"互联网+家政""互联网+养老""互联网+育幼""互联网+医疗健康"等新业态和新模式，背后蕴藏着城乡社区居民日益丰富、多样和个性化的新需求。教育供给侧需要深入研判社会服务新业态的特点及其对人才创新创业能力培养的要求。在此基础上，厘清社会服务产业人才创新创业能力培养的标准与机制，明确培养定位，制定精细化的培养方案[①]。

### 三、重视非标准就业并提供相应的就业指导服务

第三章对我国就业人员受教育程度构成的变化趋势及其来源进行说明，高等教育劳动者的需求增加主要体现在单位负责人、专业技术人员、办事人员和有关人员这3个职业大类内部，以及租赁和商务服务业，卫生、社会保障和社会福利业，科学研究、技术服务和地质勘查业，金融业，电力、燃气及水的生产和供应业，教育，信息传输、计算机服务和软件业等行业门类内部。职业结构的变动、行业结构的变动对高等教育劳动者的需求增加贡献较小。

表7-1和表7-2分别从行业结构和职业结构两方面对中美两国的就业人员进行对比。由于前文使用第6次人口普查数据（2010年）分析就业人口的行业结构和职业结构，此处仍然使用2010年数据。由这两个表可以看出，从行业结构来看，卫生、社会保障和社会福利业，租赁和商务服务业，科学研究、技术服务和地质勘查业，教育，公共管理和社会组织等现代服务业的就业人员比重在两国之间存在较大差异，我国显著低于美国。这些行业是吸纳高等教育劳动者就业的主要行业。

---

① 李耀锋.适应社会服务产业发展，培养大学生创新创业能力[J].文教资料，2020（36）：172-174.

表 7-1 中美两国就业人员的行业结构比较（2010 年）

| | 中国 | 美国 | △美国 – 中国 |
|---|---|---|---|
| 农、林、牧、渔业 | 48.34% | 0.29% | -48.05% |
| 采矿业 | 1.13% | 0.49% | -0.64% |
| 制造业 | 16.85% | 9.04% | -7.81% |
| 电力、燃气及水的生产和供应业 | 0.69% | 0.43% | -0.26% |
| 建筑业 | 5.48% | 4.46% | -1.02% |
| 交通运输、仓储及邮政业 | 3.56% | 3.82% | 0.27% |
| 信息传输、计算机服务和软件业 | 0.61% | 2.13% | 1.52% |
| 批发和零售业 | 9.30% | 15.80% | 6.50% |
| 住宿和餐饮业 | 2.73% | 8.74% | 6.01% |
| 金融业 | 0.81% | 4.33% | 3.52% |
| 房地产业 | 0.67% | 1.09% | 0.42% |
| 租赁和商务服务业 | 0.69% | 7.46% | 6.77% |
| 科学研究、技术服务和地质勘查业 | 0.32% | 5.81% | 5.49% |
| 水利、环境和公共设施管理业 | 0.37% | 0.28% | -0.10% |
| 居民服务和其他服务业 | 1.94% | 2.93% | 0.99% |
| 教育 | 2.31% | 10.09% | 7.78% |
| 卫生、社会保障和社会福利业 | 1.17% | 13.50% | 12.34% |
| 文化、体育和娱乐业 | 0.45% | 1.49% | 1.03% |
| 公共管理和社会组织 | 2.57% | 7.81% | 5.24% |

数据来源：中国数据来源于第 6 次人口普查，美国数据来源于 2010 年即时人口调查。

从职业结构来看，专业技术人员，办事人员和有关人员，商业和服务业人员，单位负责人等中、高技能就业岗位比重在中美两国之间存在较大差异，我国显著低于美国。这些职业是吸纳高等教育劳动者就业的主要职业。行业

# 第七章
## 劳动力市场技能需求对教育供给的启示

结构和职业结构仍然相对落后,制约了劳动力市场对高等教育劳动者的需求。

表 7-2 中美两国就业人员的职业结构比较（2010 年）

|  | 中国 | 美国 | △美国-中国 |
|---|---|---|---|
| 单位负责人 | 1.77% | 4.74% | 2.97% |
| 专业技术人员 | 6.84% | 24.59% | 17.75% |
| 办事人员和有关人员 | 4.32% | 19.43% | 15.11% |
| 商业和服务业人员 | 16.17% | 29.84% | 13.67% |
| 生产运输设备操作工 | 22.49% | 21.08% | -1.41% |
| 农林牧渔和水利业生产人员 | 48.31% | 0.32% | -47.99% |

数据来源：中国数据来源于第 6 次人口普查，美国数据来源于 2010 年即时人口调查。

从国际比较来看，我国高等教育劳动者所占比例仍然偏低。据统计，25～64 岁人口中接受过高等教育的比例，我国仅为 9.43%，印度为 10.60%，巴西为 18.43%，OECD 平均为 39.60%，俄罗斯为 56.73%[1]。我国不仅低于 OECD 国家的平均水平，也低于俄罗斯、巴西、南非等金砖国家。根据美国、日本和韩国等发达国家的经验，只有当高等教育人口比重超过 10% 之后，一个国家才可能实现"经济起飞"[2]。我国高等教育人口比重离这一目标还较远。从这个角度而言，我国高等教育规模扩张并不过度，而是面临结构调整的问题。高等教育就业人员比重仍然偏低，但同时存在着劳动者教育与工作不匹配、高等教育中的学科专业结构与社会经济结构不相适应的问题。[3]

在行业结构和职业结构仍然相对落后的背景下，高等教育毕业生却逐年增加。2021 年高等教育毕业生规模达到 909 万人，比上年增加 35 万人，再创历史新高。相关毕业生就业调查显示，在近年毕业生去向结构中，"单位就业"

---

[1] OECD. Education at a glance 2020: OECD indicators [M]. Paris: OECD Publishing, 2021.
[2] 刘笑飞. 世界人口大国高等教育人口比重的比较研究 [J]. 天中学刊, 2007（1）: 119-127.
[3] 岳昌君, 邱文琪, 朱亚洲. 我国高质量人力资源发展现状与趋势展望 [J]. 福建师范大学学报（哲学社会科学版）, 2020（1）: 120-132.

占比不到 50%。2015 年以来，这一占比更是低于 40%，呈总体下降趋势。相反，"自主创业""自由职业""其他灵活就业"等非标准就业（non-standard employment）占比呈总体上升趋势，成为高校毕业生必须面对和接受的就业形式。[①]非标准就业是指"标准雇佣关系"之外的工作，它包括临时性就业、非全日制工作、临时介绍所工作和其他多方雇佣关系、隐蔽性雇佣关系和依赖性自雇就业等。国际劳工组织指出，非标准就业正在世界各国普遍化，成为吸纳就业的重要渠道。我国教育供给侧需要重视非标准就业在毕业生就业中的作用，并为学生提供非标准就业方面的相应就业服务。

### 四、重视非程序性技能的培养

第五章和第六章研究了劳动力市场对不同类型技能的需求，并通过数据分析着重检验了人工智能等新一轮信息技术发展对不同类型技能需求的影响，发现劳动力市场对非程序性技能（包括非程序性非认知技能、非程序性认知技能和非程序性身体技能）的需求增加。程序性技能存在被人工智能替代的风险，随着人工智能的不断发展，它对程序性技能的替代程度不断提高。因而，教育供给侧需要重视培养学生的非程序性技能。

#### （一）重视非程序性非认知技能的培养

长期以来，我国各级各类教育侧重培养学生的认知技能，而忽视了非认知技能。非认知技能是指不属于认知技能的、跨越多领域（社会、情感、人格、行为、态度）的特征。它包括社会交往能力、自我管理能力、领导能力、成就动机、敬业精神等。我国学校教育的目标是强调知识的掌握，而忽视情感、态度、价值观的培养。教育评价方式重视用考试的方法选拔人才，用学业成绩的高低判断学生的"优劣"。难以通过考试测量的内容，如非认知技能，则不受到重视。长此以往，教育领域中盛行"唯分数论""唯升学论"等错误观念，整个社会的人才观也出现畸形。这种培养模式已经凸显出不少的问题和弊端，也不适应未来经济发展和劳动力市场的需求。

---

① 岳昌君. 如何稳住高校毕业生就业"基本盘"[J]. 中国大学生就业，2021（14）：4-6.

# 第七章
## 劳动力市场技能需求对教育供给的启示

通过这种方法选拔出来的人才走进劳动力市场后,表现出"水土不服"的症状。职场竞争日趋激烈、市场环境瞬息万变,这要求员工具备主动适应环境的能力、较强的抗压能力和情绪管理能力等。随着工作复杂程度的提高,一项任务往往难以由一个人独立完成,而是需要多个人进行跨部门的合作,这要求员工具备沟通协调能力和社会交往能力等。然而,这些非认知技能在学校教育中较少得到培养。未来,随着工业化水平的不断提高,我国将逐渐从工业化发展后期向后工业化时期迈进,高新技术产业和服务业将成为经济发展的主导行业。这些行业对员工的非认知技能提出更高要求。

### (二)重视非程序性认知技能的培养

同时,我国学校教育侧重培养学生的程序性认知技能,而忽视了非程序性认知技能。认知技能是指理解复杂概念、在经验中学习、进行各种推理、通过思考克服障碍的能力[1]。认知技能分为程序性认知技能和非程序性认知技能两类。前者是指对知识和事实的掌握,后者是指收集和处理信息、创造性解决问题的能力。我国各级各类教育强调分科教学,不重视建立各科知识之间的相互联系,不利于学生把所学知识与现实生活相联系。教学方法上侧重灌输和"填鸭",不利于学生主动思考和独立学习。评价方法上注重考查学生对所学知识的掌握程度,不注重考查学生运用所学知识解决问题的能力。

离开学校教育情境后,个体面对的是一个各种因素综合在一起,需要统筹运用多种学科知识解决实际问题的世界。许多问题的解决,没有现成的答案可供参考,没有既有的模式可以遵循,需要个体自己主动地收集信息,批判性地思考,以形成解决方案。这些技能可以在个体接受学校教育期间得到更好的锻炼。

与国际上阅读、数学和科学测试成绩相当的学生相比,我国学生的问题解决能力稍差。每 3 年组织一次的 PISA 测试在 2012 年测试了学生的独立解决问题能力,在 2015 年测试了学生合作解决问题的能力。在 2012 年 PISA 测

---

[1] GARY R,VANDENBOS G R. APA dictionary of psychology [M]. Washington DC: American Psychological Association, 2007.

试中，上海学生的阅读、数学和科学测试成绩均蝉联世界第一。然而，2012年上海学生的独立解决问题能力测试成绩低于新加坡、韩国、日本、澳门、中国香港等国家或地区（表7-3）。与国际上阅读、数学和科学测试成绩相当的学生相比，上海学生的独立解决问题能力测试成绩低了51分。女生成绩低于男生成绩25分，独立解决问题能力的性别差异较其他国家更大。无论是获取知识的能力，还是运用知识的能力，无论是解决静态问题的能力，还是解决互动问题的能力，都低于上述几个国家或地区（只有解决静态问题的能力高于香港）。

表7-3 上海在PISA 2012独立解决问题能力测试中的表现

|  | 平均分 | 性别差异① | 相对成绩② | 获取知识 | 运用知识 | 静态问题 | 互动问题 |
|---|---|---|---|---|---|---|---|
| 新加坡 | 562 | 9 | 2 | 62.0 | 55.4 | 59.8 | 57.5 |
| 韩国 | 561 | 13 | 14 | 62.8 | 54.5 | 58.9 | 57.7 |
| 日本 | 552 | 19 | 11 | 59.1 | 56.3 | 58.7 | 55.9 |
| 澳门 | 540 | 10 | 8 | 58.3 | 51.3 | 57.0 | 51.7 |
| 中国香港 | 540 | 13 | −16 | 57.7 | 51.1 | 56.1 | 52.2 |
| 上海 | 536 | 25 | −51 | 56.9 | 49.8 | 56.7 | 50.3 |

注：①性别差异是指男生成绩减去女生成绩。②相对成绩是指与世界上其他在PISA阅读、数学和科学测试中取得相当水平成绩的学生比较而言，独立解决问题能力的相对成绩。

数据来源：OECD官方网站。

2015年，北京、上海、江苏和广东四省市联合参与了PISA测试。如表7-4所示，中国四省市学生的合作解决问题能力低于新加坡、韩国、日本、澳门、中国香港等国家或地区。与国际上阅读、数学和科学测试成绩相当的学生相比，中国四省市学生的合作解决问题能力测试成绩低了17分。

表 7-4 中国四省市在 PISA 2015 合作解决问题能力测试中的表现

|  | 平均分 | 性别差异① | 相对成绩② | 珍视关系 | 珍视团队 |
|---|---|---|---|---|---|
| 新加坡 | 561 | −20 | 16 | 0.32 | 0.27 |
| 韩国 | 538 | −33 | 20 | −0.02 | 0.14 |
| 日本 | 552 | −26 | 23 | −0.22 | −0.03 |
| 澳门 | 534 | −38 | 11 | −0.15 | 0.01 |
| 中国香港 | 541 | −36 | 15 | −0.04 | 0.05 |
| 中国四省市 | 496 | −22 | −17 | 0.01 | 0.39 |

注：①性别差异是指男生成绩减去女生成绩。②相对成绩是指与世界上其他在 PISA 阅读、数学和科学测试中取得相当水平成绩的学生比较而言，合作解决问题能力的相对成绩。

数据来源：OECD 官方网站。

如果说，以往重视程序性认知技能的培养模式满足了过去以加工组装业为主的经济发展需求，那么这种培养模式将无法满足未来我国产业链升级和产业结构优化的需要。再加上经济全球化的发展和现代计算机技术的日新月异，程序性认知技能将越来越容易被外包到劳动力成本更低的国家或地区，更容易被计算机技术取代。正如 OECD 的一份报告指出："越容易教和越容易被测试的内容，就越容易被数字化、自动化和实现外包"[①]。

### （三）重视非程序性身体技能的培养

第三章劳动力市场供需监测结果表明，劳动力市场短缺职业主要由"社会生产服务和生活服务人员"及"生产制造及有关人员"组成。这些职业对非程序性身体技能的要求较高。劳动力市场对具有较高技术等级或专业技术职务的劳动者需求大于供给，高级工程师、技师和高级技师的求人倍率较高。

---

① OECD. PISA 2012 results: creative problem solving: students' skills in tackling real-life problems (Volume V) [EB/OL]. [2022-08-01]. https://www.oecd.org/education/pisa-2012-results-volume-v.htm.

短缺职业排行居前10位的职业中，大部分为"营销员""餐厅服务员""保洁员""保安员"等生活性服务业岗位，另有"车工""焊工"等少数制造业岗位。其中，"餐厅服务员""保洁员""车工""焊工"等职业也是非程序性身体技能密集的职业。

这些职业需求高的原因包括以下几点。第一，人工智能等新一轮信息技术目前还难以替代这些技能，或者说替代的成本较高；第二，一些生活性服务业具有非贸易性，难以随着国际贸易的增加而外包给劳动力成本更低的国家或地区。产品或服务的非贸易性决定了产品的生产者或服务的提供者必须与消费者在同一个地点，甚至当面交易。高技能劳动者作为高收入群体的主要来源，是消费低技能服务的主要群体。因此，在高技能劳动者聚集的区域，生活性服务业的需求往往旺盛。例如，北京市虽然疏解非首都功能，严控人口总量，但城市运转对生活性服务业的需求仍然强硬（如家政服务、养老服务、婴幼儿照护服务等）。

解决这些职业的短缺，需要从多个方面入手。首先，营造尊重劳动和重视技能的社会氛围，提升这些职业的社会地位和获得感。习近平总书记曾经指出，"家政服务大有可为，要坚持诚信为本，提高职业化水平"的理念。要扭转社会对某些行业的刻板印象，宣传和弘扬"工作无贵贱，行行出状元"的理念。其次，大力提升这些职业的规范化和职业化水平。加大职业培训力度，严把职业准入门槛，鼓励持证上岗，制定和完善行业规范，加强职业技能等级认定工作，举办各行各业的职业技能大赛等，[①] 提升从业者的职业能力和职业道德。最后，提升职业教育质量，真正实现"上学选职业学校、技能提升找职业学校"。引导职业教育坚守类型教育的定位，从追求规模增长转向提高育人质量，让职业教育真正成为高素质技能型人才培养的摇篮和大国工匠成长的摇篮。

当然，劳动力市场技能供需的更好匹配，除了依靠教育供给侧的努力，还需要从多方面着手。例如，要加快经济转型升级步伐，提高对高等教育劳动者的需求；要改进技能需求预判体系，为利益相关者提供更多可靠的技能

---

① 郑宇飞.短缺职业到底缺在哪？[N].北京日报，2019-11-27（003）.

需求信息；要逐步破解制约人才流动的体制机制障碍，促进人才合理流动；要扭转用人单位和社会中一些错误的人才评价观念，打破"唯名校""唯学历"的用人导向，建立以品德和技能为导向、以岗位需求为目标的人才使用机制。正因为如此，发达国家和国际组织的技能战略包含技能培养、技能供给和技能使用三方面的完整对策，是一个完备的技能发展体系。

## 第三节 研究结论和对策建议

### 一、研究结论

在我国劳动力市场技能供需不匹配现象严重，教育部门正在努力提升自身与经济社会发展需求相适应的背景下，本研究以"劳动力市场的技能需求及其对教育供给的启示"为主题，从劳动力市场对不同水平的技能需求和不同类型的技能需求两个方面，分析我国劳动力市场的技能需求及其对教育供给的启示。本研究主要得到如下结论。

第一，就不同水平的技能需求而言，我国就业人口的技能水平表现出升级趋势，但是这种升级主要表现为对低技能劳动者的需求减少，对中等技能劳动者的需求增多。具体而言，对小学及以下受教育程度的劳动者需求减少，对初中受教育程度的劳动者需求增加；对农林牧渔和水利业生产人员的需求减少，对商业和服务业人员、生产运输设备操作人员及有关人员的需求增加。

劳动力市场对高技能劳动者的需求增加并不明显。高技能劳动者的需求增加主要体现在单位负责人、专业技术人员、办事人员和有关人员这3个职业大类内部，以及租赁和商务服务业，卫生、社会保障和社会福利业，科学研究、技术服务和地质勘查业，金融业，电力、燃气及水的生产和供应业，教育，信息传输、计算机服务和软件业等行业门类内部。未来随着我国产业结构的优化升级及职业结构的进一步高级化，劳动力市场对高技能劳动者的需求将会显著增加，这在一定程度上会缓解高校毕业生就业难问题。

第二,发达国家和国际组织重视通过技能需求预判,为利益相关者提供技能需求信息。它们的技能需求预判实践进展体现在4个方面:在观念认识上,发达国家和国际组织将技能需求预判视为重要的公共服务;在组织实施上,发达国家和国际组织注重多主体共同参与技能需求预判过程;在预判方法上,发达国家和国际组织总结了多种行之有效的方法予以推广;在结果转化上,发达国家和国际组织重视为公众提供便捷好用的技能需求信息。

技能需求预判的困难主要包括技能测量的两难难题、预判结果的时滞缺陷和结果转化的梗阻难题。发达国家和国际组织的应对经验包括:加强职业技能标准研究,促进技能分类框架的统一;重视开展定量模型预测,加强劳动力市场大数据研究;确保利益相关者参与,建立预判结果转化的监测与评价机制。我国技能需求预判的公共服务职能尚未充分发挥、利益相关者共同参与的局面尚未形成、宏观的定量模型预测较少、预判结果的公开和转化力度不够。

第三,就不同类型的技能需求而言,我国劳动力市场对非程序性认知技能、非程序性非认知技能、程序性认知技能的需求呈上升趋势,对程序性身体技能、非程序性身体技能的需求呈下降趋势。采用2010—2013年的CGSS数据,基于明瑟收入方程,研究发现程序性认知技能对劳动力收入的正向影响不断增大,反映了我国劳动力市场对程序性认知技能的旺盛需求。但是,随着人工智能等新一轮信息技术在各行各业的深化应用,人工智能对程序性技能的替代程度不断提高。结合国际比较及对我国未来产业结构、科技发展水平的预估,本研究认为,未来我国劳动力市场对程序性认知技能的需求将会下降,对非程序性技能(包括非程序性非认知技能、非程序性认知技能和非程序性身体技能)的需求将会上升。

第四,运用微观数据进一步验证人工智能等信息技术对不同类型技能需求的影响,本研究以社会交往能力为例,分析人工智能背景下社会交往能力对个体劳动力市场表现的影响。研究表明,在控制受教育年限、认知能力、其他非认知能力的基础上,社会交往能力对个体劳动力市场表现具有显著的正向影响。在考虑内生性后,这种影响依然稳健。综合结果表明,社会交往能力每提高一个标准差，个体工资约提高 4%。职业的自动化风险对社会交往能力影响工资起到负向调节作用，即职业的自动化风险越低，社会交往能力的回报越高。随着人工智能的应用进一步深化，社会交往能力的劳动力市场价值将更加凸显。社会交往能力影响工资的间接机制包括职业筛选效应、教育边际效应和社会资本效应 3 种。

第五，劳动力市场技能需求与教育供给之间存在重要关联，但二者之间不存在一对一的严格对应关系，给劳动力市场技能供需匹配研究增添了许多困难。我国劳动力市场技能需求对教育供给提出要求包括：教育供给侧主动、科学地收集劳动力市场技能需求信息；重视为社会服务产业培养紧缺人才；重视非标准就业并提供相应的就业服务；重视非程序性技能（包括非程序性非认知技能、非程序性认知技能和非程序性身体技能）的培养。

## 二、对策建议

针对劳动力市场技能需求对教育供给提出的要求，本研究提出如下对策建议。

### （一）从观念认识、组织实施、预判方法和结果转化 4 个方面入手，完善技能需求预判体系

强化技能需求预判的公共服务属性。转变政府角色定位，从技能需求信息的使用者转变为技能需求信息的供给者；转变技能需求预判的功能定位，从单纯为决策提供临时服务转化为为公众提供可持续信息。政府承担起技能需求预判的顶层设计者、组织协调者、参与者和资助者角色，加强技能需求预判公共服务供给，保障预判活动持续开展和预判结果充分公开。

健全利益相关者共同参与技能需求预判的机制。政府牵头，建立由教育、人力资源和社会保障等部门共同参与的跨部门协调机制。通过授权和委托等形式，扶持行业组织开展技能需求预判。鼓励教育和培训供给者自主或联合开展毕业生调查。在产教协同中更好地了解雇主的技能需求，将雇主参与作为评价企业履行社会责任的重要体现。

加强基础数据库建设。针对定量模型预测所需的数据类型和规格，查漏补缺，逐步完善基础数据。完善统计调查制度，规范相关基础调查。加强政府部门、科研机构和行业组织之间的数据共享与整合，不断完善基础数据积累。加强技能需求识别结果的收集和整理，建立和完善成果数据库。加强劳动力市场大数据研究。

畅通预判结果的公开和转化机制。建立一个统一的技能需求信息平台，集中发布和更新技能需求信息。重视信息的可视化和定制化呈现，强化平台的互动功能。针对不同利益相关者的需求，综合使用传统媒体和新媒体等渠道，提供精准化和个性化的信息推送，以方便不同利益相关者使用技能需求信息。将预判结果的公开和转化情况作为财政继续支持技能需求预判的重要依据之一。

### （二）支持社会服务产业发展，提高紧缺人才培养质量

完善学科专业布局。以面向社区居民的家政服务、养老服务、中医药健康服务、托育托幼等紧缺领域为重点，对接管理、经营、服务、供应链等岗位需求，合理确定中职、高职、本科、研究生等不同类型、层次学历教育相关专业和职业培训的人才培养目标、规格。在一流本科专业建设"双万计划"，在中国特色高水平高职学校和专业建设计划等项目实施过程中，向家政、养老、育幼等相关领域专业倾斜。

鼓励引导有条件的职业院校积极增设护理（老年护理方向、中医护理方向）、家政服务与管理、老年服务与管理、智能养老服务、健康管理、中医养生保健、中医营养与食疗、助产、幼儿发展与健康管理、幼儿保育、学前教育、康复治疗技术、中医康复技术、康复辅助器具技术、康养休闲旅游服务、健身指导与管理等社会服务产业相关专业。鼓励院校根据医养结合、安宁疗护、心理慰藉、家庭理财、收纳管理、服饰搭配和衣物管理、室内适老化设计、社区服务网点规划设计等产业发展新岗位、新需求，灵活设置专业方向。

发挥标准在人才培养培训质量提升中的基础性作用。按照专业设置与产

业需求对接、课程内容与职业标准对接、教学过程与生产过程对接的要求，持续更新并推进社会服务产业领域职业院校专业教学标准、顶岗实习标准、实训教学条件建设标准等的建设和实施。推进有关本科专业类教学质量标准实施。指导院校贯彻落实国家教学标准，按照有关要求科学制定和实施人才培养方案，保障人才培养质量。

（三）加强和改进学生就业指导服务，提高招生、培养与就业的联动

随着教育与经济发展的深度融合，教育的发展越来越需要从供给驱动向需求驱动转变。在以往卖方市场的环境下，厂商是市场的主宰，厂商只需要在既定的时间范围内生产出尽可能多的产品；而在买方市场的环境下，消费者是市场的主宰，厂商只有潜心研究市场和消费者的需求，才能销售出自己的产品，获取销售额和利润。教育发展中的"需求驱动"要求教育部门时刻关注劳动力市场的技能需求变化，根据劳动力市场的技能需求，调整教育的层次结构、类型结构、教学内容和教学方式等。

一方面，教育部门应该与其他部门通力协作，加强劳动力市场基础数据建设与信息公开，为求职者提供方便、快捷的就业信息；另一方面，高校应该加强和完善就业指导工作。就业指导不健全，就业服务不完善，缺乏对学生非认知技能等方面的培养，将直接影响学生对就业与职业发展的理解和把握，不利于学生与用人单位和社会的对接。

专业化的就业服务与指导工作能够有效提高毕业生的求职成功率，提升学生的就业竞争力。然而，高校就业指导工作存在着就业指导队伍不专业，就业指导内容系统化、科学化程度不够，就业指导模式相对封闭粗放，就业服务体系市场化、社会化、信息化程度低等问题，这些问题的存在使就业指导工作的针对性和有效性不强[1]。

高校应该配备专业化的职业咨询与指导教师。聘请职业指导专家，通过

---

[1] 谢攀峰. 专业化是大学生就业指导的必然选择[J]. 广西师范学院学报：哲学社会科学版, 2005（3）: 30-40.

讲座、一对一辅导、职场体验、职业人物访谈等形式，使学生更加明确未来发展和奋斗的目标，更加成熟地规划自己的职业生涯，更有针对性地进行专业知识的积累，提高职业素养，为走向社会奠定更加坚实的基础。建议在国务院专业学位目录中尽快增设职业指导专业学位，培养专业化的就业服务与职业规划人才队伍。

另外，还要扩大学生学习自主权、选择权，鼓励学生跨学科、跨专业学习，允许学生自主选择专业和课程。只有提高学生兴趣及专业与职业的匹配程度，才能更好地利用所学技能提高就业质量，提高技能供需匹配程度。现实中，一些高校为吸引好的生源，声称转换专业"低门槛"，甚至"零门槛"，但学生申请的"成功率"并不高。2019年《全国高校毕业生就业状况调查》显示，在对高校提供的关于学习条件和机会评价的12项指标中，得分最低的两项是跨学科学习和专业转换机会。[①] 这与教育部发布的《关于加快建设高水平本科教育全面提高人才培养能力的意见》存在差距。

针对当前非标准就业占比显著提升的趋势，高校应当适应就业形势的变化，更加重视人才培养，为学生的未来做准备。首先，根据就业形式的多样性，适时改革教育教学方式，注重个性化教育，鼓励学生的好奇心和激情。培养学生的批判性思维，在课程教学中激发学生的创新精神和创业意识。其次，根据职业状态的多变性，进一步增加专业选择、专业转换、跨学科学习的机会。再次，根据工作对象的服务性，要更加注重培养学生的社会交往能力和沟通能力。最后，要逐步转变学生的就业思维，培养学生的终身学习能力。过去那种考上大学就意味着拥有一份稳定、令人羡慕的工作的时代一去不复返了，一个人一生一直从事一个岗位、在一个单位奋斗一辈子的时代也一去不复返了。学生需要更多地主动学习、深度学习、灵活学习和持续学习，提高个人的可迁移能力，提高对劳动力市场的适应能力。

---

① 岳昌君. 如何稳住高校毕业生就业"基本盘"[J]. 中国大学生就业，2021（14）：4-6.

## 第七章 劳动力市场技能需求对教育供给的启示

### （四）各级各类教育加强非认知技能和非程序性认知技能培养

学校和教师要改变学生评价观念，改变以往"唯分数""唯成绩"的倾向，促进学生德智体美劳全面发展。稳步推进中高考改革，构建引导学生德智体美劳全面发展的考试内容体系，改变相对固化的试题形式，增强试题开放性，减少死记硬背和"机械刷题"现象。加快完善初、高中学生综合素质档案建设和使用办法，逐步转变简单以考试成绩为唯一标准的招生模式。

在教学内容和教学方法上，要改变以往过于重视单科教学的倾向，加大综合课程的比重。鼓励教师之间开展合作，开设跨学科、跨知识领域的校本课程，增加项目式学习、小组合作学习和综合性实践活动等学习方式。注重不同教学方法的紧密结合和合理搭配。传统的教学方法如讲授法、谈话法和练习法等，在培养程序性认知技能时具有一定优势；而现代教学方法如启发式教学、情境式教学、自学辅导式学习、小组合作学习等，在培养非程序性认知技能时具有较大的优势。而且，这些方法对培养学生的学习兴趣与动机、锻炼坚强的意志品质和独立的性格具有重要作用。

学科教学要改变以往过于注重知识传授的倾向，强调培养学生的情感、态度和价值观。学科教学之外，学校要善于利用隐性课程培养学生的非认知技能。校园建筑设计和环境布置要充分考虑学生开展小组合作学习与交流的需求，为小组活动提供场所。开展丰富多样的课外活动，在艺术、体育、劳动等活动中培养学生的非认知技能，在学生会、团（队）委、社团等组织中锻炼学生的组织协调能力、领导能力和人际交往能力等。加强和规范实习实训管理，充分利用工作岗位磨炼社会交往能力。加大早期教育投入，扩大学前教育机会，提高学前教育质量，让更多儿童享有优质的早期教育。禁止幼儿园"小学化"，让幼儿在适合他们身心规律的活动中全面发展。

### （五）全面加强新时代大中小学劳动教育，职业教育重视非程序性身体技能培养

劳动教育是使学生树立劳动最光荣、劳动最崇高、劳动最伟大、劳动最

美丽的观念，体会劳动创造美好生活，体会劳动不分贵贱，热爱劳动，尊重普通劳动者，培养奋斗、创新、奉献的劳动精神的重要途径。根据教育目标，针对不同学段、类型学生特点，以日常生活劳动、生产劳动和服务性劳动为主要内容开展劳动教育。结合产业新业态、劳动新形态，注重选择新型服务性劳动的内容。

职业学校的教育日常重管理而轻技能，职业学校教师和家长对职校生的管理性要求大于知识性要求，教育期望较低，弱化的技能教育导致职校生的技能学习大多处于"皮毛"式的水平。观察制造业的劳动过程，现代工业劳动存在去技能化的趋势，自动化技术越发展，对工人的技能要求就越低。受此影响，职校生的工作岗位普遍技能含量不高，职校生渴望学习技术却学不到技术。[①] 长此以往，从职业学校毕业的劳动者将被人工智能等新一轮信息技术替代。

要切实提高职业教育质量，由追求规模扩张向提高质量转变，由参照普通教育办学模式向企业社会参与、专业特色鲜明的类型教育转变，大幅提升新时代职业教育现代化水平。重视大国工匠、能工巧匠的培养，提升"双师型"教师比例，推动校企全面加强深度合作。

## 第四节　研究不足与展望

### 一、本研究的不足之处

本研究将技能划分为技能的整体水平和技能的不同类型两个维度，分别从这两个维度出发分析劳动力市场的技能需求及其对教育供给的启示。本研究得到了一些重要的结论和启示，但也存在不足之处。尤其是，由于基础数据的缺乏，本研究的一部分内容无法全面展开。

---

[①]　杜连森."打工人"的困境：去技能化与教育的"空洞"[J].南京师大学报（社会科学版），2021（3）：122-130.

# 第七章
劳动力市场技能需求对教育供给的启示

第一，由于第 7 次人口普查的详细数据尚未公布，本书无法将第 4、第 5、第 6 次人口普查数据与第 7 次人口普查数据进行对比，以分析我国劳动力市场对不同水平技能需求的最新趋势。同样的原因，本书第六章无法分析人工智能背景下我国职业结构变化的宏观背景，为微观研究搭设铺垫。

第二，由于缺乏开展定量模型预测所需的全面数据，本研究无法使用定量模型预测法预测未来的技能需求。尽管技能需求预判非常重要，能够为教育供给提供最新的技能需求信息，但本研究不得不舍弃，调整为对发达国家和国际组织技能需求预判方法和实践的综述，以期为我国改进技能需求预判体系提供启示。

第三，由于缺乏专门的成人劳动力技能调查，尤其是有代表性的、追踪性的成人劳动力技能调查，本研究无法直接研究不同类型技能需求的变化趋势，只能通过职业结构的变动，将之与不同职业的技能要求相结合，间接地分析劳动力市场对不同类型的技能需求。本研究认为，虽然前一种方法更好，能够更加全面地呈现劳动力市场对不同类型技能需求的变化，但是在数据不可得的情况下，后一种方法也是很好的选择，并被许多研究者所用。本研究运用该方法得到了一些重要结论。

第四，本书第六章研究人工智能背景下社会交往能力的劳动力市场价值。但是由于缺乏更新年份的微观数据，本书使用 2014 年数据，此时人工智能在中国各行各业的应用尚未深化。

这些局限使本研究的深入程度受到了一定影响。但是，本研究在已有可得数据的基础上，尽可能地找到了弥补办法，为未来的深入研究打下了坚实基础。

## 二、展望

在现有研究基础上，本研究希望可以从如下方面进行改进：第一，随着更新微观数据的可得、第 7 次人口普查详细数据的公开等，对相关数据进行更新，使相关研究进一步深入。第二，在无法使用定量模型预测法预测未来的技能需求前提下,思考使用恰当的方法,从劳动力市场未来技能需求的视角,对当前中等职业教育与普通高中教育招生比例大体相当(普职比为1∶1)的政策进行反思和回应。

# 附 录

**附表1　1990年、2000年和2010年我国3次产业构成**

| | 产业增加值占GDP的比例 | | | | 就业人员比例 | | | |
|---|---|---|---|---|---|---|---|---|
| | 1990年 | 2000年 | 2010年 | △2010–1990 | 1990年 | 2000年 | 2010年 | △2010–1990 |
| 第一产业 | 27.12% | 15.06% | 10.10% | −17.02% | 60.10% | 50.00% | 36.70% | −23.40% |
| 第二产业 | 41.34% | 45.92% | 46.67% | 5.33% | 21.40% | 22.50% | 28.70% | 7.30% |
| 第三产业 | 31.54% | 39.02% | 43.24% | 11.69% | 18.50% | 27.50% | 34.60% | 16.10% |

数据来源：中华人民共和国国家统计局网站。

**附表2　1990年、2000年和2010年我国各职业大类的平均受教育年限**

单位：年

| | 1990年 | 2000年 | 2010年 |
|---|---|---|---|
| 单位负责人 | 10.83 | 12.03 | 12.21 |
| 专业技术人员 | 11.74 | 12.81 | 13.68 |
| 办事人员和有关人员 | 10.68 | 11.93 | 12.71 |
| 商业和服务业人员 | 8.71 | 9.22 | 9.94 |
| 农林牧渔和水利业生产人员 | 5.84 | 6.81 | 7.53 |
| 生产运输设备操作人员及有关人员 | 8.59 | 9.07 | 9.32 |
| 不便分类的其他从业人员 | 10.12 | 8.84 | 9.71 |

数据来源：第4、第5次人口普查数据和《中国劳动统计年鉴》2010年数据。

附表3 2001—2010年不同类型法人单位所占比重

|  | 2001年 | 2004年 | 2008年 | 2010年 |
|---|---|---|---|---|
| 企业法人 | 59.25% | 62.87% | 69.87% | 74.45% |
| 机关、事业、社团法人 | 22.17% | 19.44% | 16.13% | 13.46% |
| 其他类型机构法人 | 18.58% | 17.69% | 14.01% | 12.09% |

数据来源：2001年数据来源于第2次全国基本单位普查，2004年和2008年数据分别来源于第1次和第2次全国经济普查，2010年数据来源于《中国统计年鉴》。

附表4 分行业城镇单位就业人员受教育程度的变化（2002—2010年）

|  | 专科 | | | 本科 | | |
|---|---|---|---|---|---|---|
|  | 2002年 | 2010年 | △ 2010-2002 | 2002年 | 2010年 | △ 2010-2002 |
| 农、林、牧、渔业 | 1.2% | 1.5% | 0.3% | 0.4% | 0.5% | 0.1% |
| 采矿业 | 8.2% | 13.5% | 5.3% | 2.4% | 6.6% | 4.2% |
| 制造业 | 7.1% | 11.7% | 4.6% | 2.6% | 5.5% | 2.9% |
| 电力、燃气及水的生产和供应业 | 16.9% | 25.6% | 8.7% | 5.0% | 15.4% | 10.4% |
| 建筑业 | 7.0% | 8.7% | 1.7% | 3.6% | 4.8% | 1.2% |
| 交通运输、仓储及邮政业 | 8.3% | 13.8% | 5.5% | 2.0% | 6.1% | 4.1% |
| 信息传输、计算机服务和软件业 | 27.9% | 15.3% | -12.6% | 17.3% | 11.4% | -5.9% |
| 批发和零售业 | 5.5% | 12.6% | 7.1% | 1.4% | 5.0% | 3.6% |
| 住宿和餐饮业 | 3.5% | 7.9% | 4.4% | 0.6% | 2.7% | 2.1% |
| 金融业 | 37.8% | 29.2% | -8.6% | 15.8% | 26.7% | 10.9% |
| 房地产业 | 25.4% | 21.2% | -4.2% | 9.6% | 15.4% | 5.8% |
| 租赁和商务服务业 | 11.1% | 23.6% | 12.5% | 3.4% | 19.5% | 16.1% |
| 科学研究、技术服务和地质勘查业 | 28.4% | 25.4% | -3.0% | 20.8% | 31.6% | 10.8% |

续表

|  | 专科 | | | 本科 | | |
|---|---|---|---|---|---|---|
|  | 2002年 | 2010年 | △ 2010-2002 | 2002年 | 2010年 | △ 2010-2002 |
| 水利、环境和公共设施管理业 | 21.0% | 16.1% | -4.9% | 8.4% | 11.8% | 3.4% |
| 居民服务和其他服务业 | 4.4% | 7.3% | 2.9% | 1.1% | 3.5% | 2.4% |
| 教育 | 42.1% | 28.5% | -13.6% | 25.4% | 35.9% | 10.5% |
| 卫生、社会保障和社会福利业 | 27.8% | 33.6% | 5.8% | 11.6% | 27.7% | 16.1% |
| 文化、体育和娱乐业 | 26.4% | 27.9% | 1.5% | 12.7% | 23.5% | 10.8% |
| 公共管理和社会组织 | 38.4% | 33.4% | -5.0% | 15.6% | 30.3% | 14.7% |

# 后 记

关注劳动力市场技能需求问题，既源于对现实中大学生就业难问题的关注，更源于我的博士生导师杜育红教授主持的国家社会科学基金教育学重点课题"教育在国家从中等偏下收入向中等偏上收入水平发展过程中的作用研究"。在课题研究过程中，杜老师带领我们阅读了大量有关人力资本研究的中英文文献，其中既包括教育经济学学科奠基性的经典文献，也包括国内外学者和国际组织的最新前沿文献。阅读文献的过程激发了我深入研究关于劳动力市场技能需求问题的兴趣。

要将一时的兴趣转化为持久的努力，并不是一件容易的事。杜老师在他的博士论文后记中写道："读书是一件苦差事，读到博士就更是一件苦差事，因为作为博士生，读书必须读出新滋味，而要读懂、读新聪明智慧的圣哲先贤们一辈子辛劳的结晶又谈何容易，读书真苦。"这句话时常勉励我要更加踏实地潜心读书、专心做学问。

博士毕业后，我来到北京教育科学研究院工作，主要工作职责是做教育发展规划和发展战略研究。忙碌的工作和生活，使我难以再像读博期间那样专注地研究劳动力市场技能需求问题。但是，它就像我学术生涯中的初恋，一直萦绕在我心头，让我平时留意这方面的研究进展，进一步积累这方面的文献和素材。在一些难能可贵的日子里，我得以继续推动自己的研究；在许多埋头阅读和写作的日子里，我领会到所谓"研究"二字，从字面上看无非是指"精诚所至、金石为开"。

如今研究成果付梓，我深感书稿中还有许多不完善之处，暂且把它们当作未来继续研究的动力吧！感谢导师杜育红教授引领我走进学术殿堂，感谢国家社会科学基金提供资助，感谢北京教育科学研究院为本研究提供良好的氛围和支持,感谢科学技术文献出版社出版此书。最后,我要感谢我的家人,我爱你们!

曹浩文

2023 年 10 月

# 参考文献

[1] 埃里克·布莱恩约弗森, 安德鲁·麦卡菲. 第二次机器革命: 数字化技术将如何改变我们的经济与社会[M]. 北京: 中信出版社, 2016.

[2] 安东尼·塞尔登, 奥拉迪梅吉·阿比多耶. 第四次教育革命: 人工智能如何改变教育[M]. 北京: 机械工业出版社, 2020.

[3] 曾湘泉, 李晓曼. 破解结构矛盾 推动就业质量提升[J]. 中国高等教育, 2013(Z2): 22-25.

[4] 蔡昉. 中国人口与劳动问题报告[M]. 北京: 社会科学文献出版社, 2002.

[5] 曹浩文, 杜育红. 人力资本视角下的技能: 定义、分类与测量[J]. 现代教育管理, 2015(3): 55-61.

[6] 陈丽君. 如何迎接新一轮全球人才竞争[N]. 光明日报, 2021-02-21(7).

[7] 陈秋霖, 许多, 周羿. 人口老龄化背景下人工智能的劳动力替代效应: 基于跨国面板数据和中国省级面板数据的分析[J]. 中国人口科学, 2018(6): 30.

[8] 陈永伟, 许多. 人工智能的就业影响[J]. 比较, 2018(2): 135-160.

[9] 程纯, 陈欣. 从就业结构的演变看高等教育结构的调整[J]. 辽宁教育研究, 2006(7): 6-9.

[10] 邓峰. 教育收益率估算中的计量偏误及调整方法的综述[J]. 教育与经济, 2013(5): 42-48.

[11] 丁小浩, 于洪霞. 中国城镇居民各级教育收益率及其变化研究: 2002—2009年[J]. 北京大学教育评论, 2012(3): 73-84.

[12] 丁志帆, 孔存玉. 大学毕业生"就业难"的成因剖析与破解之道: 研究回顾与展望[J]. 教育与经济, 2018(2): 54-61.

[13] 杜连森. "打工人"的困境: 去技能化与教育的"空洞"[J]. 南京师

大学报（社会科学版），2021（3）：122-130.

[14] 董直庆，王林辉.劳动力市场需求分化和技能溢价源于技术进步吗？[J].经济学家，2011（8）：75-82.

[15] 范皑皑.大学生人力资本的过度与不足：基于弥补型过度教育视角的实证分析[J].北京大学教育评论，2012（4）：106.

[16] 方慧.雇主视角下高职人才能力需求研究：基于广州市的调查研究[J].湖北广播电视大学学报，2013（2）：19-20.

[17] 傅征.高等教育结构与经济发展的协调性分析[J].武汉大学学报（哲学社会科学版），2008（3）：188-193.

[18] 葛晶.大学毕业生就业能力与企业需求之比较分析[D].上海：华东师范大学公共管理学院，2009.

[19] 顾国爱.我国劳动力需求变动的产业与行业特征[J].中国人力资源开发，2012（9）：93-96.

[20] 黄国英，谢宇.认知能力与非认知能力对青年劳动收入回报的影响[J].中国青年研究，2017（2）：56-64，97.

[21] 黄碧梅.大学生工资不如农民工，正常吗？[N].人民日报，2011-12-20.

[22] 乐君杰.工作搜寻理论、匹配模型及其政策启示：2010年诺贝尔经济学奖获得者研究贡献综述[J].浙江社会科学，2011（1）：135-140，159.

[23] 李耀锋.适应社会服务产业发展，培养大学生创新创业能力[J].文教资料，2020（36）：172-174.

[24] 刘辉，焦建国.劳动力市场搜寻与匹配理论：2010年诺贝尔经济学奖得主的重要贡献[J].当代财经，2011（2）：20-26.

[25] 刘小强.人才培养分化与大学生就业关系的实证分析[J].教育研究，2010，31（12）：24-31.

[26] 刘扬.大学专业与工作匹配研究：基于大学毕业生就业调查的实证分析[J].清华大学教育研究，2010，31（6）：82-88.

[27] 刘扬.教育与工作匹配性研究：本专科毕业生就业差异[J].复旦教育论坛，2011（2）：63-67.

[28] 刘云波，钟宇平.香港过度教育现象及其与行业发展的关系分析[J].

北京大学教育评论，2012，10（4）：120-134.

[29] 赖德胜，吴春芳，潘旭华. 论中国劳动力需求结构的失衡与复衡［J］. 山东社会科学，2011（3）：79-83.

[30] 赖德胜. 2012 中国劳动力市场报告：高等教育扩展背景下的劳动力市场变革［M］. 北京：北京师范大学出版社，2012：23-24.

[31] 关于印发高技能人才培养体系建设"十一五"规划纲要的通知［EB/OL］.［2022-08-01］. http://www.mohrss.gov.cn/SYrlzyhshbzb/zwgk/ghcw/ghjh/200704/t20070425_72346.htm.

[32] 李元春. 技术的进步与技能结构的转换：来自中国大中型工业企业的证据［J］. 西安电子科技大学学报（社会科学版），2004（12）：53-57.

[33] 刘笑飞. 世界人口大国高等教育人口比重的比较研究［J］. 天中学刊，2007（1）：119-127.

[34] 卢鹏鹏. 基于企业需求视角的高校毕业生就业能力研究［D］. 大连：东北财经大学公共管理学院，2011.

[35] 陆学艺. 当代中国社会阶层研究报告［M］. 北京：社会科学文献出版社，2002：45-46.

[36] 罗传银. 劳动力市场供求结构特征分析［J］. 中国劳动，2012（3）：17-21.

[37] 吕世斌. 贸易全球化和技术进步对就业和工资不平等的影响［D］. 长春：吉林大学商学院，2013.

[38] 麦可思研究院. 2013 年中国大学生就业报告［M］. 北京：社会科学文献出版社，2013：79-83.

[39] 彭聃龄. 普通心理学［M］. 北京：北京师范大学出版社，2004：404-405.

[40] 钱纳里，鲁宾逊，赛尔奎因. 工业化和经济增长的比较研究［M］. 吴奇，王松宝，译. 上海：上海人民出版社三联书店，1995：79-83.

[41] 邵丹. 企业需求视角下的高职类毕业生就业能力研究［D］. 长沙：中南大学商学院，2013.

[42] 盛欣，胡鞍钢. 技术进步对中国就业人力资本结构影响的实证分析：基于 29 个省的面板数据研究［J］. 科学学与科学技术管理，2011（6）：

172-179.

[43] 盛卫燕,胡秋阳.认知能力、非认知能力与技能溢价:基于CFPS2010—2016年微观数据的实证研究[J].上海经济研究,2019(4):28-42.

[44] 史珍珍,曾湘泉.大数据在劳动力市场研究中的应用与展望[J].外国经济与管理,2016,38(7):96-112.

[45] 王春超,张承莎.非认知能力与工资性收入[J].世界经济,2019,42(3):143-167.

[46] 王文,牛泽东,孙早.工业机器人冲击下的服务业:结构升级还是低端锁定[J].统计研究,2020,37(7):54-65.

[47] 王文.数字经济时代下工业智能化促进了高质量就业吗?[J].经济学家,2020(4):89-98.

[48] 武向荣,赖德胜.过度教育发生率及其影响因素:基于北京市数据的分析[J].教育发展研究,2010,19:36-41.

[49] 王林辉,袁礼.技术进步技能偏向视角下的中国劳动力合意结构度量[J].求是学刊,2013(5):51-58.

[50] 王霆.我国职业技术学校学生就业能力技能要素研究:在交通行业的调查研究[J].教育与经济,2007(4):1-6.

[51] 王贤.中等职业教育专业结构与产业就业结构的适应性问题探讨[J].现代教育管理,2009(9):93-96.

[52] 王小鲁.中国经济增长方式转换和增长可持续性[J].经济研究,2009(1):4-16.

[53] 温家宝.温家宝在北京三十五中的讲话:教育大计 教师为本[EB/OL].[2022-08-01].http://www.gov.cn/ldhd/2009-10/11/content_1436183.htm.

[54] 肖鹏燕.我国高校人才培养和劳动力市场需求的非均衡研究[D].北京:首都经济贸易大学劳动经济学院,2011.

[55] 谢攀峰.专业化是大学生就业指导的必然选择[J].广西师范学院学报(哲学社会科学版),2005(3):30-40.

[56] 谢周亮.我国个人社会资本影响劳动收入差异的实证分析[J].广东社

会科学，2014（1）：37-45.

[57] 杨飞. 技能偏向性技术进步与劳动力市场极化[D]. 天津：南开大学经济学院，2013.

[58] 杨娟，孟大虎，岳昌君. 高等教育投资风险和收益的实证研究[J]. 中国人民大学教育学刊，2011，1：80-90.

[59] 岳昌君，邱文琪，朱亚洲. 我国高质量人力资源发展现状与趋势展望[J]. 福建师范大学学报（哲学社会科学版），2020（1）：120-132.

[60] 岳昌君. 如何稳住高校毕业生就业"基本盘"[J]. 中国大学生就业，2021（14）：4-6.

[61] 岳昌君，夏洁，邱文琪. 2019年全国高校毕业生就业状况实证研究[J]. 华东师范大学学报（教育科学版），2020，38（4）：1-17.

[62] 杨河清. 劳动经济学[M]. 北京：对外经济贸易大学出版社，2010：79-83.

[63] 杨伟国，李春燕. 工作极化的测量与成因[J]. 新视野，2013（1）：109-112.

[64] 姚先国，周礼，来君. 技术进步、技能需求与就业结构：基于制造业微观数据的技能偏态假说检验[J]. 中国人口科学，2005（5）：47-53.

[65] 张海水，崔海丽，胡瑞文. 从人才供求视角谈高等教育学科专业的结构调整[J]. 现代教育科学，2014（1）：1-4.

[66] 张雄，田大洲，田忠，等. 我国劳动力市场需求特征分析[J]. 云南财经大学学报，2013（5）：91-98.

[67] 张延群，娄峰. 中国经济中长期增长潜力分析与预测：2008—2020年[J]. 数量经济技术经济研究，2009（12）：137-145.

[68] 赵杨，刘延平. 我国产业结构与就业结构的关联性分析[J]. 经济学动态，2010（12）：80-83.

[69] 张车伟，蔡翼飞. 中国"十三五"时期劳动供给和需求预测及缺口分析[J]. 人口研究，2016，40（1）：38-56.

[70] 郑宇飞. 短缺职业到底缺在哪？[N]. 北京日报，2019-11-27（003）.

[71] 周金燕. 非认知技能的概念及测量进展[J]. 全球教育展望，2020，

49（5）：53-66.

[72] ABOWD J M, HALTIWANGER J, LANE J, et al. Technology and the demand for skill: an analysis of within and between firm differences［EB/OL］.［2022-08-01］. https://www.nber.org/papers/w1304.

[73] ACEMOGLU D. Skills, tasks and technologies: implications for employment and earnings［J］. Handbook of labor economics, 2011, 4: 1043-1171.

[74] AEDO C, HENTSCHEL J, LUQUE J, et al. From occupations to embedded skills: a cross-country comparison［R］. Washington DC: World Bank, 2013.

[75] ALMEIDA L, BEHRMAN J, ROBALINO D. The right skills for the job? Rethinking training policies for workers［M］. Washington DC: World Bank Publications, 2012: 34.

[76] BANERJI A, CUNNINGHAM W, FISZBEIN A, et al. Stepping up skills for more jobs and higher productivity［R］. Washington DC: World Bank, 2010.

[77] BERMAN E, BOUND J, GRILICHES Z. Changes in the demand for skilled labor within US manufacturing industries: evidence from the annual survey of manufacturing［J］. The quarterly journal of economics, 1994, 109（2）: 367-397.

[78] BERMAN E, MACHIN S. Skill-biased technology transfer around the world［J］. Oxford review of economic policy, 2000, 16（3）: 12-22.

[79] BERMAN E, STEPHEN M. Skill-biased technology transfer: evidence of factor biased technological change in developing countries［EB/OL］.［2022-08-01］. https://econweb.ucsd.edu/~elib/glob.pdf.

[80] BOWLES S, GINTIS H. Schooling in capitalist America［M］. New York: Basic Books, 1976.

[81] BRIAN K. OECD insights human capital how what you know shapes your life: how what you know shapes your life［M］. Paris: OECD Publishing, 2007: 122.

[82] CARNEVALE A P, DESROCHERS D M. The missing middle: aligning education and the knowledge economy [J]. Journal for vocational special needs education, 2002, 25(1): 3-23.

[83] CBI. Tomorrow's growth: new routes to higher skills [EB/OL]. http://www.cbi.org.uk/media/2178879/tomorrow_s_growth.pdf.

[84] Cedefop. Future skill needs in Europe. Medium-term forecast: synthesis report [R]. Luxembourg: Publications Office, 2008.

[85] Cedefop. Future skill supply in Europe. Medium-term forecast up to 2020: synthesis report [R]. Luxembourg: Publications Office, 2009.

[86] Cedefop. Skills supply and demand in Europe Medium-term forecast up to 2020 [R]. Luxembourg: Publications Office, 2010.

[87] COBB-CLARK D A, TAN M. Noncognitive skills, occupational attainment, and relative wages [J]. Labour economics, 2011, 18(1): 1-13.

[88] CUNHA F, HECKMAN J. The technology of skill formation [J]. American economic review, 2007, 97(2): 31-47.

[89] DAVID H, DORN D. The growth of low-skill service jobs and the polarization of the US labor market [J]. The American economic review, 2013, 103(5): 1553-1597.

[90] DAVID H, KATZ L F, KRUEGER A B. Computing inequality: have computers changed the labor market? [J]. The quarterly journal of economics, 1998, 113(4): 1169-1213.

[91] DAVID H, LEVY F, MURNANE R J. The skill content of recent technological change: an empirical exploration [J]. The quarterly journal of economics, 2003, 118(4): 1279-1333.

[92] DE BALDINI ROCHA M S, PONCZEK V. The effects of adult literacy on earnings and employment [J]. Economics of education review, 2011, 30(4): 755-764.

[93] DICKERSON A, GREEN F. The growth and valuation of computing and other generic skills [J]. Oxford economic papers, 2004, 56(3): 371-406.

[94] DUNCAN G J, DUNIFON R. "Soft-Skills" and long-run labor market success [J]. Research in labor economics, 2012, 35: 313-339.

[95] EICHENGREEN B, PARK D, SHIN K. When fast-growing economies slow down: international evidence and implications for China [J]. Asian economic papers, 2012, 11(1): 42-87.

[96] European Commission. Anticipating and matching labor market needs [R]. Luxembourg: Office for Official Publications of the European Communities, 2009.

[97] FARKAS, GEORGE, Cognitive skill, skill demands of jobs, and earnings among young European American, African American, and Mexican American workers [J]. Social forces, 1997, 75(3): 913-938.

[98] GALLIE D. Patterns of skill change: upskilling, deskilling or the polarization of skills? [J]. Work, employment & society, 1991, 5(3): 319-351.

[99] GARY R. APA dictionary of psychology [M]. Washington DC: American Psychological Association, 2007.

[100] GOLDIN C D, KATZ L F. The race between education and technology [M]. Cambridge: Harvard University Press, 2009.

[101] GOOS M, MANNING A, SALOMONS A. Job polarization in Europe [J]. The American economic review, 2009, 99(2): 58-63.

[102] GOOS M, MANNING A. Lousy and lovely jobs: the rising polarization of work in Britain [J]. The review of economics and statistics, 2007, 89(1): 118-133.

[103] HANDEL M. Trends in job skill demands in OECD countries [EB/OL]. [2022-08-01]. https://www.oecd-ilibrary.org/social-issues-migration-health/trends-in-job-skill-demands-in-oecd-countries_5k8zk8pcq6td-en.

[104] HANUSHEK E A, MACHIN S, WOESSMANN L. Handbook of the economics of education [M]. Amsterdam: NorthHolland, 2011: 89-200.

[105] HANUSHEK E A, SCHWERDT G, WIEDERHOLD S, et al. Returns to skills around the world: evidence from PIAAC [J]. European economic

review, 2015, 73（C）: 103-130.

[106] HANUSHEK E A. Developing a skills-based agenda for "new human capital" research［EB/OL］.［2022-08-01］.https://www.researchgate.net/publication/228290816_Developing_a_Skills-Based_Agenda_for_'New_Human_Capital'_Research.

[107] HECKMAN J J, KAUTZ T. Fostering and measuring skills: Interventions that improve character and cognition［C］//In the myth of achievement tests: the ged and the role of character in American life. Chicago, IL: University of Chicago Press.

[108] HECKMAN J J, KAUTZ T. Hard evidence on soft skills［J］. Labour economics, 2012, 19（4）: 451-464.

[109] HECKMAN J J, STIXRUD J, URZUA S. The effects of cognitive and noncognitive abilities on labor market outcomes and social behavior［J］. Journal of labor economics, 2006, 24（3）: 411-482.

[110] HECKMAN J J. A research agenda for understanding the dynamics of skill formation in American society［EB/OL］.［2022-08-01］. https://www.aeaweb.org/content/file?id=370.

[111] HEINECK G, ANGER S. The returns to cognitive abilities and personality traits in Germany［J］. Labour economics, 2010, 17（3）: 535-546.

[112] KUCZERA M, FIELD S, HOFFMAN N, et al. Learning for jobs［EB/OL］.［2022-08-01］.https://www.oecd-ilibrary.org/education/learning-for-jobs_9789264087460-en.

[113] KUIJS L. China through 2020: a macroeconomic scenario［EB/OL］.［2022-08-01］.https://documents.worldbank.org/en/publication/documents-reports/documentdetail/181461468242964739/china-through-2020-a-macroeconomic-scenario.

[114] LEITCH S. Prosperity for all in the global economy-world class skills: final report［R］. London: The Stationery Office, 2006.

[115] LEVIN H M. The importance of educational adaptability［EB/OL］.

[2022-08-01]. https://www.ets.org/Media/Research/pdf/session5-levin-paper-tea2012.pdf.

[116] LEVIN H M. The utility and need for incorporating non-cognitive skills into large-scale educational assessments [C]//The role of international large-scale assessments: perspectives from technology, economy, and educational research. Springer, Dordrecht.

[117] LINDQVIST E, VESTMAN R. The labor market returns to cognitive and noncognitive ability: evidence from the Swedish enlistment [J]. American economic journal: applied economics, 2011, 3(1): 101-128.

[118] LLERAS C. Do skills and behaviors in high school matter? The contribution of noncognitive factors in explaining differences in educational attainment and earnings [J]. Social science research, 2008, 37(3): 888-902.

[119] MACHIN S, VAN REENEN J. Technology and changes in skill structure: evidence from seven OECD countries [J]. Quarterly journal of economics, 1998, 113(4): 1215-1244.

[120] MACHIN S. The changing nature of labour demand in the new economy and skill-biased technology change [J]. Oxford bulletin of economics and statistics, 2001, 63(s1): 753-776.

[121] MANNING A. We can work it out: the impact of technological change on the demand for low-skill workers [J]. Scottish journal of political economy, 2004, 51(5): 581-608.

[122] MARGARET H. Research on future skill demands: a workshop summary [M]. Washington DC: National Academies Press, 2008.

[123] MURNANE R J, WILLETT J B, BRAATZ M J, et al. Do different dimensions of male high school students' skills predict labor market success a decade later? Evidence from the NLSY [J]. Economics of education review, 2001, 20(4): 311-320.

[124] MURNANE R J, WILLETT J B, DUHALDEBORDE Y, et al. How important are the cognitive skills of teenagers in predicting subsequent

earnings？[J]. Journal of policy analysis and management，2000，19（4）：547-568.

[125] MURNANE，RICHARD J，JOHN B W，et al. The growing importance of cognitive skills in wage determination [J]. The review of economics and statistics，1995，77（2）：251-266.

[126] OECD. Better skills，better jobs，better lives：a strategic approach to skills policies [R]. Paris：OECD Publishing，2012.

[127] OECD. Education at a glance 2014：OECD indicators [M]. Paris：OECD Publishing，2014.

[128] OECD. PISA 2012 results: creative problem solving: students' skills in tackling real-life problems (Volume V) [EB/OL].[2022-08-01]. https://www.oecd.org/education/pisa-2012-results-volume-v.htm.

[129] OESCH D，MENES J R. Upgrading or polarization？ Occupational change in Britain，Germany，Spain and Switzerland，1990—2008 [J]. Socio-economic review，2010，29（1）：1-29.

[130] PAVCNIK N. What explains skill upgrading in less developed countries？[J]. Journal of development economics，2003，71（2）：311-328.

[131] PERKINS D H，RAWSKI T G. Forecasting China's economic growth to 2025 [C] //China's great economic transformation. Cambridge: Cambridge University Press.

[132] SPITZ A. Are skill requirements in the workplace rising？ Stylized facts and evidence on skill-biased technological change [Z]. ZEW Discussion Paper No. 04-33，2004.

[133] BAI T Z. National survey design planning report skills toward employment and productivity (STEP) CHINA-Yunnan [EB/OL].[2022-08-01]. https://www.worldbank.org/en/publication/human-capital.

[134] The Tripartite Meeting of Experts on Labour Statistics. Resolution concerning updating the international standard classification of occupations [EB/OL].[2022-08-01]. http://www.ilo.org/public/english/bureau/stat/isco/docs/

resol08.

[135] The World Bank, Development Research Center of the State Council,The People's Republic of China . China 2030: building a modern, harmonious, and creative society [EB/OL]. [2022-08-01]. https://elibrary.worldbank. org/doi/10.1596/9780821395455_Overview.

[136] UNESCO. Education for all global monitoring report 2012-youth and skills: putting education to work [R]. Paris: UNESCO publishing, 2012: 14.

[137] United States, Bureau of Labor Statistics. BLS handbook of methods [EB/OL]. [2022-08-01]. https://openlibrary.org/books/OL15439201M/BLS_handbook_of_methods.

[138] WILSON R A, BOSWORTH D L. Working futures: qualifications report [EB/OL]. [2022-08-01]. https://www2.warwick.ac.uk/fac/soc/ier/research/current/wf/.

[139] AINA C, PASTORE F. Delayed graduation and overeducation: a test of the human capital model versus the screening hypothesis [EB/OL]. [2022-08-01].http://hdl.voced.edu.au/10707/202194.

[140] AKERMAN, ANDERS, INGVIL G, et al. The skill complementarity of broadband internet [J]. Quarterly journal of economics, 2015, 130 (4): 1781-1824.

[141] ALBERT C. Teachers and the development of student noncognitive skills [EB/OL]. [2022-08-01]. https://scholarworks.uark.edu/cgi/viewcontent.cgi?article=3196&context=etd.2020-11-23.

[142] ALPAYDIN Y. Identifying higher-education level skill needs in labor markets: the main tools usable for Turkey [J]. Educational sciences: theory & practice, 2015, 15 (4): 945-967.

[143] BARONE C, ORTIZ L. Overeducation among European university graduates: a comparative analysis of its incidence and the importance of higher education differentiation [R]. University Pompeu Fabra: Department of Political &Social Sciences, 2010.

[144] BEN W, DAVID D. Team players: how social skills improve team performance. [J]. Econometrica, 2021, 89 (6): 2637-2657.

[145] BISHOP J, CARTER S. The worsening shortage of college graduate workers[J]. Educational evaluation and policy analysis, 1991, 13 (3): 221-246.

[146] BORGHANS L, TER W B, WEINBERG B A. People skills and the labor market outcomes of underrepresented groups [J]. Industrial & labor relations review, 2014, 67 (2): 287-334.

[147] CARL B F, MICHAEl A O. The future of employment: how susceptible are jobs to computerisation? [J]. Technological forecasting and social change, 2017, 114 (1): 254-280.

[148] CARNEIRO P J. Human capital policy [C] //What role for human capital policies? Cambridge: MIT Press, 2003.

[149] DAVID A, LAWRENCE K, MELISSA K. The polarization of the U.S. labor market [J]. American economic review, 2006, 96 (2): 189-194.

[150] DAVID D. The growing importance of social skills in the labor market [J]. The quarterly journal of economics, 2017, 132 (4): 1593-1640.

[151] DAVID H A, FRANK L, RICHARD J M. The skill content of recent technological change: an empirical exploration [J]. Quarterly journal of economics, 2003, 118 (4): 1279-1333.

[152] DAVID H. Why are there still so many jobs? The history and future of workplace automation [J]. Journal of economic perspectives, 2015, 29 (3): 3-30.

[153] DOLTON P, SILLES M. Over-education in the graduate labor market: some evidence from alumni data [EB/OL]. [2022-08-01]. http://hdl.voced.edu.au/10707/202194.

[154] DOLTON P, SILLES M. The determinants and consequences of graduate overeducation [J]. Overeducation in Europe: current issues in theory and policy, 2003: 189-216.

[155] EKKEHARD E, ROSSANA M, DANIEL S. The economics of artificial intelligence: implications for the future of work [EB/OL]. [2022-08-

01〕.https://www.ilo.org/global/topics/future-of-work/publications/research-papers/WCMS_647306/lang--en/index.htm.

[156] ETF, Cedefop, ILO. Carrying out tracer studies: guide to anticipating and matching skills and jobs volume 6〔EB/OL〕.〔2022-08-01〕. https://www.ilo.org/skills/areas/skills-training-for-poverty-reduction/WCMS_534331/lang--en/index.htm.

[157] ETF, Cedefop, ILO. Developing and running an establishment skills survey: guide to anticipating and matching skills and jobs volume 5〔EB/OL〕.〔2022-08-01〕. https://www.ilo.org/skills/pubs/WCMS_548324/lang--en/index.htm.

[158] ETF, Cedefop, ILO. Developing skills foresights, scenarios and forecasts: guide to anticipating and matching skills and jobs volume 2〔EB/OL〕.〔2022-08-01〕. https://www.ilo.org/skills/areas/skills-training-for-poverty-reduction/WCMS_534328/lang--en/index.htm.

[159] ETF, Cedefop, ILO. The feasibility of using big data in anticipating and matching skills needs〔EB/OL〕.〔2022-08-01〕. https://www.ilo.org/skills/areas/skills-training-for-poverty-reduction/WCMS_759330/lang--en/index.htm.

[160] ETF, Cedefop, ILO. The role of employment service providers: guide to anticipating and matching skills and jobs volume 3〔EB/OL〕.〔2022-08-01〕. https://www.cedefop.europa.eu/en/publications-and-resources/publications/2214.

[161] ETF, Cedefop, ILO. Using labour market information: guide to anticipating and matching skills and jobs volume 1〔EB/OL〕.〔2022-08-01〕. https://www.ilo.org/skills/areas/skills-training-for-poverty-reduction/WCMS_534314/lang--en/index.htm.

[162] ETF, Cedefop, ILO. Working at sectoral level: guide to anticipating and matching skills and jobs volume 3〔EB/OL〕.〔2022-08-01〕. https://www.ilo.org/skills/areas/skills-training-for-poverty-reduction/WCMS_534313/

lang--en/index.htm.

[163] European Commission. Measuring skills mismatch [EB/OL]. [2022-08-01]. https://ec.europa.eu/social/main.jsp?catId=738&langId=en&pubId=7860&furtherPubs=yes.

[164] FLISI S, GOGLIO V. Measuring occupational mismatch: overeducation and overskill in Europe evidence from PIAAC [J]. Soc Indic Res, 2017, 131: 1211-1249.

[165] GOOS M, MANNING A. Lousy and lovely jobs: the rising polarization of work in Britain [J]. Review of economics and statistics, 2007, 89 (1): 118-133.

[166] GREEN F, MCLNTOSH S. Overeducation and skills: clarifying the concepts [EB/OL]. [2022-08-01]. https://www.semanticscholar.org/paper/Overeducation-and-Skills-Clarifying-the-Concepts-Green-McIntosh/885874df1097bcc7f70cc81e87429ee5553debf9.

[167] GUY M, FERDINAND R, STEPHEN J R. Task specialization in U.S. cities from 1880 to 2000 [J]. Journal of the European economic association, 2019, 17 (3): 754-798.

[168] HARDY W, ROMA K, PIOTR L. Educational upgrading, structural change and the task composition of jobs in Europe [J]. Economics of transition, 2018, 26 (2): 201-231.

[169] HECKMAN, J J. Integrating personality psychology into economics [EB/OL]. [2022-08-01]. https://www.nber.org/papers/w17378.

[170] ILO, Cedefop, ETF, et al. Skill needs anticipation: systems and approaches - analysis of stakeholder survey on skill needs assessment and anticipation [EB/OL]. [2022-08-01]. https://www.ilo.org/skills/areas/skills-training-for-poverty-reduction/WCMS_616207/lang--en/index.htm.

[171] ILO, OECD. Approaches to anticipating skills for the future of work [EB/OL]. [2022-08-01]. https://www.ilo.org/global/about-the-ilo/how-the-ilo-works/multilateral-system/g20/reports/WCMS_646143/lang--en/index.

htm.

[172] INGRAM B F, NEUMANN G R. The returns to skill [J]. Labour economics, 2006(13): 35-59.

[173] KATRIN J, STEPHAN L. Heterogeneous returns to personality: the role of occupational choice [J]. Empirical economics, 2014, 47(2): 553-592.

[174] KOSSE F, TINCANI M M. Prosociality predicts labor market success around the world [EB/OL]. [2022-08-01]. https://doi.org/10.1038/s41467-020-19007-1.

[175] KRUEGER A B, SCHKADE D A. Sorting in the labor market: do gregarious workers sock to interactive jobs? [J]. Journal of human resources, 2008, 43(4), 861-865.

[176] KUCEL A, VILALTA M. Graduate labor mismatch in Poland [J]. Polish sociological review, 2012, 3(179): 413-429.

[177] McKinsey Global Institute. Skill shift: automation and the future of the workforce [EB/OL]. [2022-08-01]. https://www.mckinsey.com/featured-insights/future-of-work/skill-shift-automation-and-the-future-of-the-workforce.

[178] MORAVEC H. Mind children: the future of robot and human intelligence[M]. Cambridge: Harvard University Press.

[179] NACE. 2015 job outlook [EB/OL]. [2022-08-01]. https://www.csuci.edu/careerdevelopment/documents/job-outlook-2015.pdf.

[180] National Center for O*NET Development. Social Skills. O*NET OnLine [EB/OL]. [2022-08-01]. https://www.onetonline.org/find/descriptor/browse/Skills/2.B.1/.

[181] OECD.PISA 2015 results (Volume V): collaborative problem solving [EB/OL]. [2022-08-01]. https://doi.org/10.1787/9789264285521-en.

[182] OECD. Better skills, better jobs, better lives: a strategic approach to skills policies [R]. Paris: OECD Publishing, 2012.

[183] OECD. Education at a glance 2020: OECD indicators [M]. Paris: OECD Publishing, 2021.

[184] OECD. Getting skills right: assessing and anticipating changing skill needs [EB/OL]. [2022-08-01]. http://www.oecd.org/publications/getting-skills-right-assessing-and-anticipating-changing-skill-needs-9789264252073-en.htm.

[185] OECD. OECD skills outlook: first results from the survey of adult skills [R]. Paris: OECD Publishing, 2013.

[186] POLANYI, MICHAEL. The tacit dimension [M]. New York: Doubleday.

[187] QIAN L. The end of polarization? Technological change and employment in the U.S. labor market [EB/OL]. [2022-08-01]. https://economics.ucr.edu/wp-content/uploads/2019/10/Technology-and-Employment_Qian-Lu.pdf.

[188] RAJA B K, KEVIN M, HARRY A P. Automation and labor market outcomes: the pivotal role of high-quality education [EB/OL]. [2022-08-01]. https://elibrary.worldbank.org/doi/abs/10.1596/1813-9450-8474.

[189] ROB W. Lessons from America: a research and policy briefing [EB/OL]. [2022-08-01]. https://core.ac.uk/reader/4152387.

[190] ROBST J. College quality and overeducation [J]. Economics of education review, 1995, 14(3): 221-228.

[191] ROBST J. Education and job match: the relatedness of college major and work [J]. Economics of education review, 2007, 26(4): 397-407.

[192] SENARATH S, PATABENDIGE S. Job-education mismatch among the graduates: a Sri Lankan perspective [J]. Ruhuna journal of management and finance, 2014, 1(2): 1-16.

[193] SOMERS M, CABUS S Horizontal mismatch between employment and the field of education: evidence from a systematic literature review [EB/OL]. [2022-08-01]. https://onlinelibrary.wiley.com/doi/abs/10.1111/joes.12271.

[194] WOLBERS M M. Job mismatches and their labour market effects among school-leavers in Europe [J]. European sociological review, 2003, 19

（3）:249-266.

[195] World Economic Forum. The future of jobs: employment, skills and workforce strategy for the fourth industrial revolution[EB/OL].[2022-08-01]. https://www3.weforum.org/docs/WEF_Future_of_Jobs.pdf.